高效管理的52个关键

LEADERSMITHING

REVEALING THE TRADE SECRETS OF LEADERSHIP

〔英〕伊芙·普尔（Eve Poole）——著　杨献军——译

中国友谊出版社

图书在版编目（CIP）数据

高效管理的52个关键/（英）伊芙·普尔著；杨献军译. -- 北京：中国友谊出版公司，2019.10

书名原文：Leadersmithing : Revealing the Trade Secrets of Leadership

ISBN 978-7-5057-4813-2

Ⅰ.①高… Ⅱ.①伊… ②杨… Ⅲ.①企业管理 Ⅳ.① F272

中国版本图书馆 CIP 数据核字 (2019) 第 185855 号

Leadersmithing : Revealing the Trade Secrets of Leadership
Copyright © Eve Poole, 2017
This translation is published by arrangement with Bloomsbury Publishing Plc
Simplified Chinese translation copyright © 2019 Beijing Standway Books Co Ltd
All rights reserved.

书名	高效管理的 52 个关键
作者	［英］伊芙·普尔
译者	杨献军
出版	中国友谊出版公司
发行	中国友谊出版公司
经销	新华书店
印刷	天津中印联印务有限公司
规格	710×1000 毫米　16 开　15 印张　188 千字
版次	2019 年 10 月第 1 版
印次	2019 年 10 月第 1 次印刷
书号	ISBN 978-7-5057-4813-2
定价	59.00 元
地址	北京市朝阳区西坝河南里 17 号楼
邮编	100028
电话	(010) 64678009

此书献给我教授和指导过的所有领导者，感谢你们同我分享你们的自信与不自信。

我希望这本书能对大家有所帮助。

本书也献给我的教子黛西、蒙蒂与露露。

如何阅读这本书

中心：你是谁

内圈八个身份：
- 正在向更高职位过渡的领导者
- 正在接受培训的领导者
- 学习与发展部门执行者
- 执行教练
- 资深领导者
- 身心疲惫的领导者
- 优秀员工
- 新手领导者

外圈说明（顺时针）：
- 运用附录1找出下一步最使你担心的方面，然后在训练中加以实践运用。
- 计划好所有17个关键环节的训练活动，或者根据附录3中的自评标准安排自己的学习进程。
- 建立一个参照框架以审核你提出的有关工作思路，或者创建新的领导力培训课程。
- 同你的客户一起分享书中的内容，将他们的发展重点放在最需要寻找相关资源的方面。
- 运用本书指导自己的同事，进一步提高自己的工作水平。
- 运用本书让你的工作精力更充沛，重点关注你觉得自己最薄弱的方面。
- 运用附录3增强自己的优点，克服潜在的职业阻碍因素。
- 开展本书第二部分中列出的全部训练。你可以将17个关键环节中的那些环节体现在日常工作中。

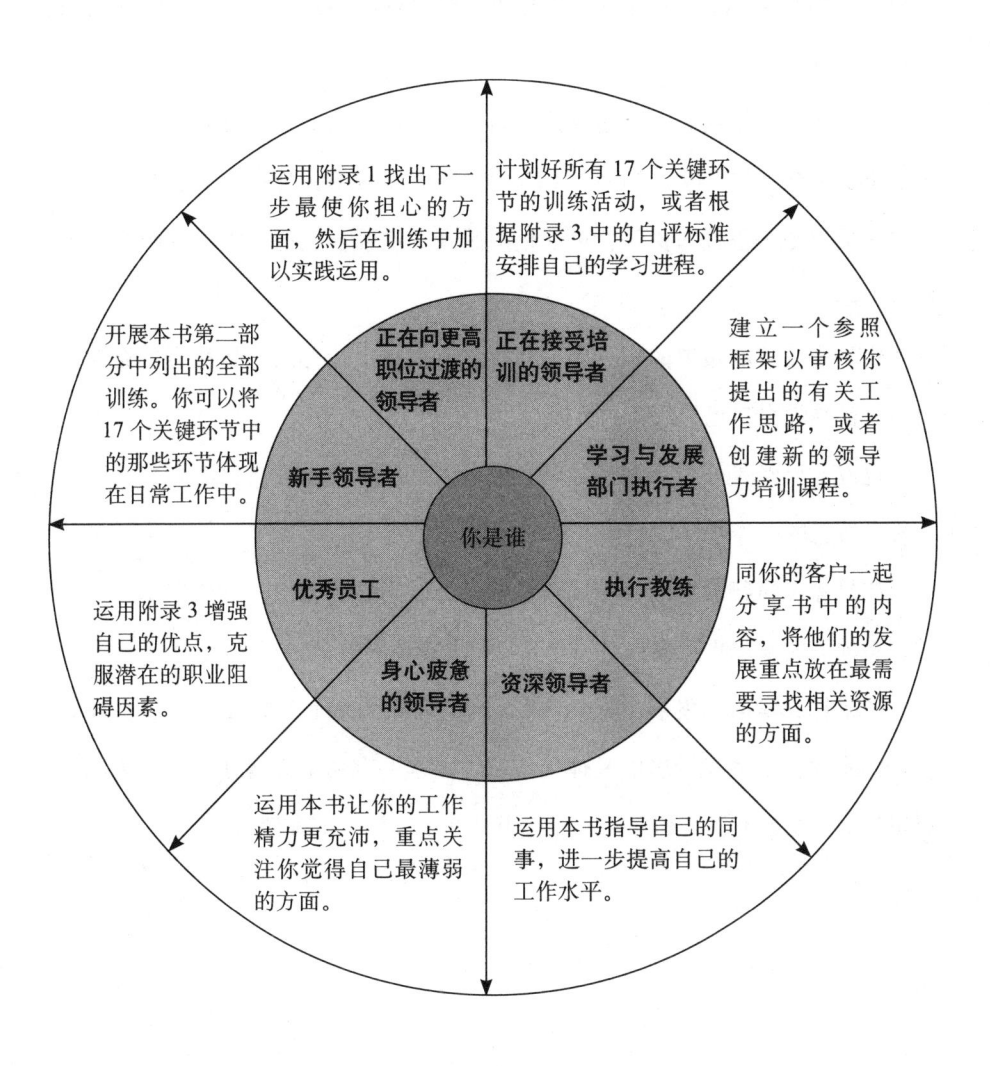

图1　如何阅读这本书

本书适合希望提高领导能力，或者帮助别人提高领导能力的读者阅读。

也许你是一位**正在接受培训的领导者**，应尽量计划好所有 17 个关键环节的训练活动，或者根据附录 3 中的自评标准安排自己的学习过程。

你是一位**正在向更高职位过渡的领导者**，或者是一位正在改变职业生涯的领导者吗？应尽量运用附录 1 找出下一步最使你担心的方面，然后在训练中加以解决。

如果你将自己视为一位**新手领导者**，你也许喜欢开展本书第二部分中列出的全部训练。你可以将 17 个关键环节中的那些环节体现在日常工作中。

如果你是一位**优秀员工**，可以运用附录 3 增强自己的优点，克服潜在的职业阻碍。

你是一位**身心疲惫的领导者**吗？应该运用本书让你的工作精力更充沛，重点关注你觉得自己最薄弱的方面。

也许你已经是一位**资深领导者**，你可以运用本书指导自己的同事，进一步提高自己的工作水平。

如果你以**执行教练**的身份阅读本书，可以同你的客户一起分享书中的内容，将他们的发展重点放在最需要寻找相关资源的方面。

如果你在**学习与发展**（Learning and Development）部门工作，你也许负担着为本单位培养领导者的具体工作职责。本书有助于你建立一个参照框架以审核你提出的有关工作思路，或者设计新的领导力培训课程。

目 录 CONTENTS

序 / 001
前　言 / 003

第一部分　入门：全方位认识领导者

第一章　高效管理需要应对的 17 个关键环节 / 003

　　　　领导力 101 / 003

　　　　未来的领导者 / 006

　　　　关键环节 / 007

　　　　关键环节实践解说 / 011

第二章　领导者如何进行高效学习 / 033

　　　　高效学习法 / 033

第三章　领导者的基本素养：品格 / 049

　　　　什么是品格 / 050

　　　　印记 / 052

　　　　德行伦理学 / 053

　　　　追求赞扬的美德 / 054

　　　　面向未来 / 055

第四章　学徒式管理的晋升之路 / 059

　　学徒期 / 061

　　实习作品 / 064

　　熟练工人 / 067

　　师傅 / 068

　　质量问题 / 071

第二部分　实践：高效管理的 52 个关键

第五章　扑克牌：高效管理的 52 个关键 / 077

第六章　13 × 方片牌：提升个人实力，成为全能型管理高手 / 081

　　利器善事 / 081

　　方片 ◆ A——认识你的优点 / 082

　　方片 ◆ K——积极努力 / 084

　　方片 ◆ Q——应对不确定性 / 087

　　方片 ◆ J——及时放手 / 088

　　方片 ◆ 10——即兴发挥 / 089

　　方片 ◆ 9——注意力 / 092

　　方片 ◆ 8——掌控情绪 / 094

　　方片 ◆ 7——沉着镇定 / 095

　　方片 ◆ 6——给予他人希望 / 097

　　方片 ◆ 5——主动性 / 100

　　方片 ◆ 4——习惯 / 101

　　方片 ◆ 3——人员缺失法 / 104

　　方片 ◆ 2——选择学习榜样 / 105

第七章　13 × 梅花牌：最大限度提升你的影响力 / 107

　　你的实际影响 / 107

梅花♣A——平衡工作与生活 / 108

梅花♣K——睡眠质量 / 110

梅花♣Q——精力 / 112

梅花♣J——打造个人品牌 / 114

梅花♣10——敢于变化 / 117

梅花♣9——解读文化 / 121

梅花♣8——掌控权力 / 123

梅花♣7——控制权 / 124

梅花♣6——庄严的举止 / 125

梅花♣5——姿态 / 126

梅花♣4——着装 / 129

梅花♣3——服装色彩 / 133

梅花♣2——社交媒体 / 134

第八章　13×黑桃牌：巧妙通过他人完成工作 / 137

黑桃♠A——艰难谈话 / 138

黑桃♠K——处理数字 / 141

黑桃♠Q——创造力 / 142

黑桃♠J——解决冲突 / 145

黑桃♠10——保持竞争力 / 147

黑桃♠9——授权 / 150

黑桃♠8——沟通 / 152

黑桃♠7——演讲 / 154

黑桃♠6——会议技巧 / 156

黑桃♠5——扩展人脉 / 157

黑桃♠4——得体应酬 / 158

黑桃♠3——神秘客户研究 / 161

黑桃♠ 2——MECE/ 162

第九章　13 × 红桃牌：在任何社交场合游刃有余 / 167

　　使别人感到轻松 / 167

　　红桃♥ A——礼节 / 169

　　红桃♥ K——信任 / 171

　　红桃♥ Q——倾听 / 173

　　红桃♥ J——提出问题 / 175

　　红桃♥ 10——目光接触 / 177

　　红桃♥ 9——讲故事 / 179

　　红桃♥ 8——处理关系 / 181

　　红桃♥ 7——精心安排的谈话 / 183

　　红桃♥ 6——指导 / 185

　　红桃♥ 5——团队建设 / 188

　　红桃♥ 4——反馈 / 189

　　红桃♥ 3——表示感谢 / 192

　　红桃♥ 2——品格 / 193

结束语 / 197

附录 1 / 203

附录 2 / 209

附录 3 / 211

附录 4 / 215

附录 5 / 217

致谢 / 219

序

多年来，我接触过许多领导者，目睹了他们走向决策层职位时经历的极为艰难的过渡过程。无论是首席执行官、首席财务官，还是其他任何高层决策职位的领导者，我均近距离地见证过他们在走向新的工作岗位时经历过的成功或失败，因为他们确实没有做好相应的准备。这正是本书所要阐述的内容。本书旨在帮助高管人员提前为担任高级职位做好准备，尽量减少他们在过渡期经历的痛苦，最大限度提高组织工作绩效。

本书作者伊芙·普尔的下述看法是正确的：有关高级决策层岗位职业素养方面的文献很少。她首先揭开了领导力的神秘面纱，对领导职务展开了求真务实的描述。然后，她又围绕着如何有效满足17个工作要求提出了一系列建议。她在书中生动地体现了下述古老谚语的精神内涵："管好自己，领导他人"，并通过一系列务实的训练，帮助你在晋升之前顺利达到"学徒期"的要求。

本书可通过不同方式阅读，因此是一本开卷有益的指南读物，无论你是一名事业刚刚起步的年轻领导者，还是一名资深领导者，均可从中受益。本书以研究成果和实际经验为阐述依据，是一本值得信赖的指南。

但是你不要掉以轻心，并不能因为书中建议有理有据，符合实际，就因此认为"学徒期"会非常轻松。你仍然要不断征求自己不愿意听到的一些反馈意见；要应对一些表现欠佳者；要不断激励他人，鼓励他人。作为一名受训的领导者，你担负着一定的责任，必须有勇气探索未知事物，甘愿冒险。所有这些并非简单易行，除了其他方面外，还应严格要求自己进行大量实践。你必须看轻自己，进一步重视他人。要想真正成为一名领导者，你需要明白自己必须在准备工作上加倍努力。本书会为你指出明确的行动路线。

归根结底，就是坚持学习。不要固守旧有的方法，应该抛弃那些不再奏效的东西，采纳行之有效的各种新措施。

学习成为高效率的领导者也许很辛苦，但是阅读本书却并不辛苦。作者伊芙娓娓道来，不仅引用深奥的学术名著，比如马基雅维利（Machiavelli）所著的《君主论》（*The Prince*），而且还列举一些妙趣横生、颇接地气的逸闻故事，比如，引述了童话故事《绿野仙踪》（*The Wizard of Oz*）中的一些内容。

领导者肩负着重大责任，负责创造和维系繁荣的物质生活。他们拥有很大权力，可以让下属开心快乐或痛苦不堪。我们总是需要更多、更优秀的领导者。本书可以帮助想要成为优秀领导者的人实现自己的宏伟目标。

莉斯·梅隆博士

杜克企业教育季刊《对话》（*Dialogue*）编委，董事会主席，

《领导者的内心世界》（*Inside the Leader's Mind*）作者

前　言

你可知道，阐述领导能力的书籍已有数百年历史？包括裘力斯·凯撒、成吉思汗和伊丽莎白女王在内，凡是讲述往昔任何一位领导者的书籍我都会拿来拜读。阐述领导力的书籍大部分是写给君主们看的，数量繁多，并且有一个统称：君主的镜子。撰写这类著作的所有作者们不是为了巴结奉承时任君主，就是为了陈述一种政治观点。历史上有一部这样曾经遭到冷遇的名著：1513年马基雅维利写成了让他名垂青史的《君主论》。但是此书当时犹如石沉大海，没有引起任何反响，原因是这部著作不符合当时此类作品的写作格调。其他撰写说教式领导力著作的作者将重点放在理论上，一般都写一些雄心壮志，英雄壮举。然而马基雅维利在书中却揭示了治国安邦的种种残酷现实，声称："我只想说一些对求教者有实效的内容。所以我认为应该实事求是地描述事物的本来面貌，而不是凭空想象，信口开河。"（参见《君主论》第十五章）对于他的读者而言，这部著作读起来肯定就像是名为《别再偷懒》（*Pull Your Finger Out*）的自助书一样。他们非常愤怒，要求教皇查禁这本书。这样一来，反倒使《君主论》成为抢手读物。

没过多久，一种级别较低、内容类似授徒的书籍问世了。丹尼尔·笛福（Daniel Defoe）撰写的《英国经商大全》（*The Complete English Tradesman*，1726）便是这样的一部著作。同那些向君主们进言的著作一样，这类著作一般都是厚重作品，劝人行为端正，服从师傅的说教，而不是某一行业的详细解说手册。如果作者胆敢披露一些本行业的实际内容，便有泄露商业秘密的嫌疑，会遭到同业公会的谴责。

现代许多阐述领导力的书籍同样遵循着这个传统，而且经常假定读者都是高级管理人员，因此书中讲述很多传奇领导者的励志故事。这类著作并没有告诉我们领导者每天需要做什么。我们仍然会因那些看上去称职的领导者而目瞪口呆，很容易被那种有关"领导力"这个词确切含义的争辩论点分散注意力，而不去关注每天如何具体地运用领导技巧。

我在英国阿什里奇商学院（Ashridge Business School）从事了10多年的教学工作，在这期间教授培训过数千名领导者。我还开展过有关领导者行为动因的实证性研究，很想揭示出领导力的奥妙，使每一个人都能够具备这种能力。在组织的每个部门，在各行各业，我们都很需要更多、更优秀的领导者。

你参加过领导力培训班吗？我敢肯定，培训班一开始便严肃地探讨领导者究竟是天生的，还是后天培养的这个问题。也许得出的结论是：两方面因素都有。考虑到具体培训情况，你很可能倾向于认为即便自己不是天生的领导者，但是在培训师的帮助下，至少也能够充分发挥自己掌握的任何领导技能。

我可以再接着猜测吗？我敢肯定，在接下来的训练中，他们会要求你说出一些著名领导者的名字，其中可能包括温斯顿·丘吉尔（Winston Churchill）、纳尔逊·曼德拉（Nelson Mandela）、特雷莎修女（Mother Teresa）和圣雄甘地（Mahatma Gandhi）。也许你还提到了理查德·布兰森[1]，或者另一位著名的企业家。紧接着就是一项活动挂图练习，内容同"管理"与"领导力"有关，

---

[1] Richard Branson，英国亿万富翁。——译者注

涉及过去接受规则与制定规则的所有习惯做法。

如果让我出题考察你们的领导力见识，我敢肯定你们百分之百全部通过。祝贺你们！认知心理学家和道德哲学家们认为，正确的思想产生正确的行为。所以你们应该胜出。但是，实际上领导力同理论的关系没有那么密切，纸上谈兵远远不够，尤其在你感到恐慌的时候。担任领导是一种错综复杂的工作，从艰难实践当中摸索经验的收获远胜于在课堂上听专家权威亲自授课。

请记住，领导者是后天培养的，不是天生的。即使那些看上去天生具备领导力的人，也免不了经历工作岗位的各种考验。也许某些名门望族的传统教育已经把这一点融入他们的教学课程与生活方式当中，这就是为什么我们曾经认为担任领导是一种与生俱来的权利。但是其中没有任何神秘性，也无法将别人挡在门外。我们现在知道担任领导需要具备哪些条件，而领导力并不是社会精英的独家本领。我们十分迫切地需要领导力，因此必须从根本上普遍培养这种能力。在我看来，领导力这个词语本身就有问题，会让人觉得这是一种头衔或地位，而不是正在开展的活动。所以我宁愿将其称为"领导者的磨砺锤炼"（leadersmithing），因为它涉及学徒培训、工作技能以及练习时间等因素。

看到"练习"这个词，能使你联系到什么呢？我猜测或者是对于拼写单词感到的不安，或者是想起了儿童音乐课程。无论是哪一种情况，正如著名作家马尔科姆·格拉德威尔（Malcolm Gladwell）所说的：只有经过一万小时的练习，才能达到挥洒自如的程度。幸运的是，在领导者的磨砺锤炼方面，我并不赞同他的观点。

有人曾经送过我一个非常漂亮的小型大理石洗礼盆，这是一位石匠学徒打造的复古风格学徒作品，意在表明他可以出师了。凭借制作这样完美的小型作品，他要向别人表明自己有能力接手制作大尺寸物件。依靠选择合适的石材，精心运用工具，一丝不苟地关注细节，他终于制作出了美观实用的小型洗礼盆。根据我对领导者及其学习方式的研究，我认为培养领导者就是开展以下这种活动：让他们迅速掌握基本的领导工作技能。

在领导力方面，与学徒作品相对应的又是什么呢？阿什里奇商学院询问过资深领导者们，问他们希望自己当年在担任领导工作之初就应该了解些什么，然后列出了各种必须掌握的技能清单。根据我们对神经生物学的了解，你对学习技能时的情景越是充满感情，其记忆结果就越牢固，今后在遇到压力时也更容易回想起来。

完成这项研究成果之后，我们在阿什里奇商学院制定的对策同疫苗有些相似：让你掌握适量的经验，然后当"经验"前来敲门时帮助你取胜。你可以自己组织管理这种学习过程，你只需要问问自己的领导者或榜样，在他们看来什么是学习担任领导的最佳"学徒作品"，然后再将其纳入你的日常工作中，最好是在遇到压力时。或者把最高领导层让你担惊受怕的所有方面都写下来，将这些内容纳入自己的视野，然后再一一划去，直到你觉得已经做好准备为止。

本书会告诉怎样去做。第一部分是理论阐述。首先我们要确认有关领导者应具备的能力清单。我将向你介绍我们开展解决方案研讨会的情况。先向董事会级别的领导者提出这样一个问题：现在作为领导者，你希望10年前的自己应该了解些什么？然后我们在回顾过程中回答这一问题。接下来我会告诉你，从这个过程以及后来的神经生物学研究结果中了解到领导者是如何学习的。难道你真的需要练习一万小时吗？是否有任何捷径可走？在解释我所说的"领导者的磨砺锤炼"的含义之前，我要通过探讨品格的重要性来总结发现结果。什么是领导技能的磨炼过程呢？其实，这就是一个学习掌握技能的过程，而且，学徒期的实践作品也很重要。

第二部分阐述实践过程。我将利用书中其余篇幅向你传授值得花费一年时间学习的基本技能，帮助你按周设计安排自己的领导者发展计划，直到你掌握相关的整套方法，可以独立处理领导者应该能够处理的一切事务。本书的一个最大优点是不必通读全书。图1展示了一份如何阅读本书的清单。一般来说，你可能更重视理论，在这种情况下，可以先阅读第一部分；如果你更注重实践的话，可以先阅读第二部分；也可以首先阅读附录1的"获胜牌"（the winning hands）和附录3的自我评估部分。

第一部分

入门：全方位认识领导者

第一章 高效管理需要应对的 17 个关键环节

领导力 101

你可能曾经耐着性子听过别人谈论领导力，但是作为一种有益的提示，在此我们不妨回顾一下有关领导力的思考历史。2015 年，伦敦国家美术馆举办了一系列题为"早期绘画大师笔下的人生经验"（Life Lessons from the Old Masters）的讲座活动。我同国家美术馆的教育主管吉尔·哈特（Jill Hart）先生合作，以"领导力"（Leadership）为题举行了一次讲座。我通过列举国家美术馆收藏的三幅著名绘画作品切入主题，开始了讲座。

我首先谈到了出自西班牙大画家戈雅手笔的肖像画《惠灵顿公爵》（the Duke of Wellington）。你是否想过"领导力"这个主题到底从何而来？第一次世界大战结束后，欧洲领导人后继无人，有关领导力研究的需求变得非常迫切。大部分研究由军方资助，因此毫不奇怪，第一次研究思考的主要对象都是战功显赫、出类拔萃的英雄式领导者。惠灵顿公爵英勇无敌，战绩骄人，获得了各种勋章。戈雅后来也不断地将这些勋章添加在惠灵顿公爵的肖像画中。惠灵顿公爵是英雄式领导者的化身，深得那些强调竞争力和市场份额的公司的敬重，因为其中心主题就是击败竞争对手。如今我们仍然没有丢弃这种模式，所以身材高大的男人以及男士们的工资更高；由于长官阶层观念的影响，在各行各业里"王朝领导"仍然举足轻重。

接下来，我又谈到了德国画家小霍尔拜因的画作《大使像》(The Ambassadors)。画中站立着两位穿着考究的社会精英人物，身边摆放了各种器物以及能够体现出他们所受教育和权力的物品。随着技术进步，战争的胜利更加取决于谋略而不是炮灰，因此我们要开始寻找智勇双全的领导者。《大使像》中体现的"要谈判，不要战争"（jaw-jaw, not war-war）这一主题表现的正是这一阶段，如今已经体现在 MBA 文化以及母校情结的持续影响上。这一阶段也是重新发现经典作品的时期，例如《孙子兵法》、马基雅维利的《君主论》以及卡尔·冯·克劳塞维茨（Carl von Clausewitz）的《战争论》（On War）。这一时期的话语仍然建立在军事隐喻基础上，强调保护家园——这也是小霍尔拜因那幅绘画作品中所描绘的两位文艺复兴时期大使官员的职责。

最后，我们分析了萨塞塔的画作《古比奥之狼》（The Wolf of Gubbio）。这幅画作讲述的是圣弗朗西斯发现了一只无恶不作的野狼的意图，并与之谈判，从而拯救了城镇的故事。第二次世界大战期间，来自不同社会阶层的男女民众并肩作战，并肩工作，一同赴死，尊卑界限就此消失。这使得领导者们更难设想他们的指令会自动得到遵守。人文主义运动以及后来我们所说的人力资源政策的出现，使得追随者的地位进一步提高，而且人们逐渐有了这样一种认识：不能只是命令追随者服从指令，有时还要劝说他们这样做。同时，女性在劳动力中所起的作用变得更加明显。因此，在最近数十年里，有关领导力的思考更加重视个人魅力和情商，以及那些能使你放弃一切，追随一个光脚布道者的全套本领，即使他是同狼群谈判而不是放狗驱赶狼群。

如果绘画作品显得有些曲高和寡的话，神话故事《绿野仙踪》同样可以发挥作用。故事中的狮子需要勇气，稻草人需要头脑，铁皮人需要一颗心。

而一位优秀的领导者则需要所有这三样——故事中的上述每个角色也体现出人们对于领导力的历史思考。

未来领导者需要的就是这样一种永远有效的领导技能示意图,以便应对VUCA 世界(Volatile、Uncertain、Complex、Ambiguous,充满易变性、不确定性、复杂性和模糊性的世界)。人们确实有这样的感觉,或者我们通过无处不在的媒体和互联网有了这样的全球意识。当具体情境发生变化时(从来都在发生变化),我们在未来需要的领导者也有很大不同吗?我认为本质特点肯定类似,就像为人父母的具体情况有所不同,但是总体特点仍然没有变。我之所以这样说,是因为我在 2003 年就开始对未来领导力表示担忧,然而在接下来 10 年里的变化并没有我想象的那样大。因此我们可以有把握地认为,至少在 10 年左右的时间内,这些经验依然有效。如果所有这些智库说的都对,那时我们就可以在高尔夫球场上打球,由机器人来管理我们的业务,这样我们就不必为它操心了。

因此,让我先来阐述一下我认为领导者应该具备的能力,也就是我们可以将其输入领导者软件的基本工作能力。这些都是可以预见的各种实际情况。如果一位领导者能够有效掌控这些情况,就可以腾出精力去考虑那些真正检验其领导水平的各种不可预测因素。我们首先从 2020 前瞻性展望说起,阐述领导者如何通过"关键环节"学习本领,完善自己。接下来探讨这些事件可以教给你的一些元能力(meta-competencies),然后再详细解释全部 17 个关键环节的具体内涵。附录 1 为那些想要了解实际效果的读者列出了全部有关内容,其中还将写入本书第二部分的一些练习进行对照分析。探讨完本章问题之后,我们还要再接触一些神经生物学方面的内容,然后开始阐述品格与锤炼领导力的问题。

未来的领导者

  T. H. 怀特创作的《永恒之王》（*The Once and Future King*）讲述了魔法师梅林和亚瑟王的故事。亚瑟第一次同梅林见面时感到很惊讶，因为梅林似乎正在等着他的到来，把早餐都摆上了餐桌。梅林解释说，正常人都是出生后一天天地向前生活，而他却是出生在时间结束的时刻，逆向地往后度日。也就是说，他总是知道会发生什么事情，因为他早已经历过一切。

  斯坦福大学研究所的赫尔曼·吉尔（Herman Gyr）在为英国广播公司策划创新类节目时，第一次向我推荐了作家查尔斯·E. 史密斯（Charles E. Smith）。受亚瑟王故事的启发，史密斯提出的"梅林因素"指的就是领导者从未来某个时间点上预见当前发展趋势的能力。史密斯认为，这种视角可使领导者以情况极为不同的未来大使身份生活在当下。这样做有助于他们的公司团队取得战略性重大突破，就像美国宇航局实现"在10年后要将宇航员送上月球"的宏伟目标那样。当时，我在阿什里奇商学院正同一个团队合作设计一个人才计划。我们陷入了管理与领导工作的永恒循环中，需要寻找一个出路。我喜欢2020前瞻性展望这一理念，因此我们决定深入明确其内涵，并设法将其教授给崭露头角的领导者们，使他们做好担任高级职务的工作准备。因此，早在2003年，我们便针对董事会级别的高层领导者提出了著名的问题：现在作为领导者，你希望10年前的自己应该了解些什么情况？我们在核查他们给出的答案时惊讶地发现，答案高度一致。尤其使我们感到惊讶的是，他们都说希望更多地了解自己。这同如今牢固确立的情商理念的研究文献非常吻合，由此我们知道我们的研究方向是正确的。我们还提出了另一个同他们的后见之明有关的问题：你是如何得出这一宝贵教训的？他们当中有些人受益于正规训练，但是大多数人列举了一些在工作当中发生过的重要事情，这些事情让他们明白了自己应该了解什么。这同亚瑟王故事中的有些思想不谋而合。梅林通过将亚瑟王变成不同的动物（鱼、鹰、蚂蚁、鹅与獾），让他明白做一个好国王意味着什么。每次将他变成动物，就是为了让他增长见识，为将来的生活做准备。我们问自己是否可为领导者做些类似的事情。为了产生神奇效果，我们将两组数据组合在一起。然后我们又着手设计一种能够以非常实际的方式使人接触到这些关键环节的模拟练习形式。

关键环节

你不会听到任何人谈论模拟练习时的情形，因为以往参与过练习的人都发誓严守秘密，以保护后来参与者们的学习训练活动。我可以告诉你，模拟练习涉及大量实际工作和一些出色的演员，中间会有几次停顿。所有细节均可用一些统称加以概括，在此我全部分享给你。这是一份我们建议你应该掌握的关键环节实践清单，有助于你满怀信心地开展高层领导工作。清单上列出了全部 17 个练习项目，而不是将其压缩成比较笼统的内容。请看这份清单：

1. 赴任就职；

2. 做出重要决策；

3. 应对日益增长的变化；

4. 处理模棱两可的情况；

5. 冒险；

6. 出错时坦然接受；

7. 参与重要的董事/股东会议；

8. 了解数字语言；

9. 连点成线，理清头绪；

10. 激励和影响他人；

11. 灵活改变工作方式；

12. 分配任务/给员工授权；

13. 处理绩效不佳的问题；

14. 倾听员工意见；

15. 知道何时寻求帮助和建议；

16. 提出和接受反馈情况；

17. 平衡工作和生活。

模拟练习的核心学习目标就是建立行动模板，使领导者形成有关基本领导活动的"肌肉记忆"，这样他们的身体就会知道如何做出本能反应。也就是说，当他们在实际工作中必须开展一些上述活动时，他们觉得自己有能力这样做。这可以使领导者直接处理一般情况下使他们感到紧张的局面，而且还能保持头脑清醒，因为他们掌握了相应的处理模板。因此，他们不仅能够有效解决问题，还能够控制自己面对挑战时做出的反应。

我5岁那年，爷爷教过我如何玩德国惠斯特（German Whist）纸牌游戏。按照他的打法，玩这种纸牌游戏时首先要力争拿到最好的牌，让自己占得上风。然后再打出花样，以巧取胜。要想取胜，就得在一开始时拿到必要的一组牌。这基本上同确立肌肉记忆的方式如出一辙。在开展马拉松长跑训练时，只有通过长跑实践才能增强力量和毅力。只有依靠平时的训练和肾上腺素，才能在比赛中跑完26英里385码（42.195公里）的全程距离。

多年来，阿什里奇商学院团队在一定程度上简化修改了这份清单，以便于在课堂上使用，但是其中的细节经受了时间考验。当然在利用这份回顾式清单指导未来时，还存在着如何展示的问题。显然，这相当于利用后视镜引路行车。但是领导者发现的各种挑战的共同性，体现着超出我最初预想过的恒久特点。也许这些关键环节可以发挥培养基本能力的作用，不太容易受到影响。每当我评估完这个计划，或者使这个模拟练习更加符合一家新客户的需要时，我都要就上述关键环节征求一下高层领导者的意见，并向他们问道："现在作为领导者，你现在希望10年前自己就已经了解些什么情况？"这意味着我对这份训练模板清单极有信心。10多年来的培训则证明了这份清单具有很大的稳定性。

学习途径

如果说这份包含有17个关键环节的训练清单看上去令人生畏，但是经过数年模拟练习后，我们在阿什里奇商学院对其影响所展开的评估研究表明，这种类型的学习一共涉及四个元学习（meta-learning）方面：领导力肌肉记忆、自我调节、反思判断力，以及学会如何学习。

1. 领导力肌肉记忆

通过设计，这种模拟练习使领导者有机会预先学习掌握他们在工作中所需要的行为模板。模板训练使领导者形成肌肉记忆，让他们在遇到压力时更有效地解决问题。训练模板还可使领导者具有较强的适应能力，因为他们知道自己已经通过了，今后还会挺得住。从这种感觉经验中获得的信心使得领导者既小心谨慎，又无所畏惧。他们将来就需要这样的心理素质积极进取，在现实生活中发出正确的号令。这样的模拟练习好像疫苗一样，为你注射少量活跃的病毒，足以训练你的免疫系统，使它准备好防范将来更加严重的疾病入侵。通过沉浸式模板训练，我们力争使你具有避免失败的能力。但是为了取得这样的效果，你也不必一定要接受这样的模拟练习。即使没有这样的训练，通过有意识的模板式训练，你仍然可以发展自己的肌肉记忆能力。

2. 自我调节

从认知方面来说，自我调节指的就是能够矫正自己的反应，遏制自己的冲动，比如不吃高热量甜点、不向孩子高声喊叫。这种心理能力对于领导者来说非常宝贵，因为他们经常超负荷地工作。任何行为模板训练都会减轻精神压力，因为它可以存储各种以前积累的解决方案，便于重新使用、修改，而不必从头制定解决方案。我们将会看到，感觉胸有成竹可使大脑在遇到压力时仍然继续正常发挥作用，经过一段时间后效果成倍提高。

3. 反思判断力

当别人因为比你"有经验"得到了你想竞聘的工作岗位时，这会让你感到非常烦恼。因此，我们首先设计了这个训练计划，专门帮助那些不想再静静地坐上10年去逐渐积累经验、做好更充分工作准备的人。但是在一对一的竞争中，经验的确可以助你取胜，因为它体现出几个很有吸引力的优势：智慧、深思熟虑的判断以及少冒风险，清楚何时会惊慌、何时该等待。模板式训练有助于领导者在遇到紧急情况时保持冷静，但是你也需要善于明察秋毫。在压力下学习，可使你学会如何应对压力和不确定性；可使你更有信心面对这种局面，不是将它视为仅仅缺乏确定性，而是将它视为一种领导机遇。任何一位白痴都会武断地认为局面明朗，但是过早地寻求解决方案是一种平民主义做法，并不明智。因此，我们开展的模拟练习中（或任何安全实践中）体现出的各种严重模棱两可的情况，均为你提供了检验自己决策倾向的实验条件，防止你在现实世界中随意做出不恰当的决策。这样可以提高你理解自己、理解他人的能力，使你摆脱自负心理的影响，避免做出不明智的决策。

4. 学会如何学习

如果你不是《绿野仙踪》里的巫师梅林，就不会具备预知未来的能力。你决不会一蹴而就。所以要想使你的领导力永不过时，就应该将学习视为一种正在进行的活动，坚持不懈。为了使领导力肌肉保持活性，应该重温模板式训练结果，不断寻求新的行为模板。接触学习一整套关键环节实践的方法会使你比其他人先行一步。但是即便在我们的模拟练习中，也有一些没有尝试过或者不太成功的内容。在实践中全面地体会记录，是面向未来潜能的一种最佳投资。对于任何一位领导者而言，我们列出的关键环节训练清单可以作为基本标准底线，为学习训练提供一份日常进度参照表。

关键环节实践解说

如果你想利用从模拟练习中学到的知识和技能来开启自己的学习历程，那么你需要做些什么，使他人相信你可以游刃有余地担任起领导工作呢？本节列出了关键环节的全部实践方法。领导者说，这些就是他们希望在职业生涯初期便能够了解和掌握的全部情况。如果你想直奔主题，这些内容就列在附录1中，针对具体细节有详细解释。

1．赴任就职

我们采访过的许多领导者只是在接手工作后，才知道自己是否有能力胜任领导工作。也许他们的老板还在外地或者突然生了病，也许他们刚刚成功地接受一次工作采访，目前必须兑现自己做出的过分承诺。他们全都谈到突然意识到要独立承担责任时的惶恐。无法依靠别人，你必须自己做出决策，或者最后承担责任，即便眼前的局面不是由你造成的。有人无意成为公众注意的人物，也有人求之不得。但是仓促上阵被普遍视为关键环节中压力最大的一种情况，因为此时由你担任领导职位的需要最为明确且尽人皆知。你毫无准备，也不知最后承担起领导责任时的实际感觉如何。

伦敦一个区的行政长官对我们谈到了他第一天上任时的情景。他在气势雄伟的区政办公大楼里受到了电视剧《唐顿庄园》式的列队欢迎，随后在接待人员的陪伴下走上大理石楼梯，前去迎接各界名流、表示美好祝福的人士和办公室工作人员。最后，他从一排表情畏惧的秘书面前走过，被带到了自己那间气派的、装饰着橡木墙板的办公室里。我们问他，成为区行政长官后，他做的第一件事是什么。

"我和妈妈通了电话。"他回答说。

所以，我们如何演练上任时的场面呢？你需要发现一些你自己占有绝对优势的细节，这样在上任时你就可以检验一下自己的勇气和才能，哪怕有些事情看上去微不足道。不妨设法让你的团队离开一天，随后安排一些事项，或者组织家庭节日活动；主持一个委员会或者是一个任务小组；故意招致批评，承担过错，或者支持自己的决定。所有这些行为都能够展示在你上任那一天构建自己的核心能力时所需要的实力。

2．做出重要决策

说到这个最重要的责任，领导者发现在最高层时做出的决策会给人不一样的感觉。组织一般都呈现出金字塔型的结构，具有一定的管理理念。这意味着只有在做出决策后，他们才能采取行动。缓慢的决策过程起着刹车作用，使他们无法采取行动，直到决策做出为止。领导者未必是在自己所选的时间里做出决策，而是要受到集体利益的制约。我们从心理分析中知道，做决策时的个人倾向性不尽相同。有些人喜欢做决策，而且有可能决策做得过早或者过于匆忙，因为他们赶时间。有些人在发号施令前希望得到最佳数据，这样一来，当组织上不断催促他们做出决策时，他们就会感到有压力，容易受到影响。在上述任何一种情况下，顺从集体的需要会使人感到不自在。领导者毕竟是一种决策人物，那是他们在组织中的职责。你目前处于下表中所显示的何种状态呢？

表 1　三种不同状态

| 鲁莽行事 | 能够展现实力 | 一筹莫展 |

你能否少做些决策，或者更快地做出决策，以检验自己在这一重要方面的灵活适应性？

3. 应对日益增长的变化

在进化生物学中有一种反应被称为"红皇后效应"（Red Queen Effect）。这是以刘易斯·卡罗尔（Lewis Carrol）所写的《爱丽丝漫游奇境记》中的红皇后命名的。她为了维持在原来的位置，必须快速跑动。这关系到不同进化物种间一无所获的情景。比如，兔子曾经常常被吃掉，于是它们就开会研究对策，决定在体能训练方面加大投入，要帮助孩子们跑过狐狸。这一招果然奏效。结果狐狸们挨饿了，它们随后也开会研究对策，决定对小狐狸开展训练，让它们跑得更快一些。结果，兔子和狐狸跑得越来越快，谁也没有占到便宜。

也许每一代人都有这种为了维持位置，而必须不停快跑的感觉。如果生活就像一场短跑，你怎样才能够维持好你的团队成员和你自己的体能，不让一个人筋疲力尽呢？在以出勤主义（presenteeism）为特点的工作模式中，这需要树立严肃精心的楷模。你可以同我喜欢的一个老板对一下手表。他每天上午9点半上班，下午5点半下班。只有他自己知道，在火车上，在晚间他工作起来是多么勤奋。他的行为在更大范围内可使每一个人按着正常工作时间上下班，不会因为开车送孩子上学后来上班，或者在孩子该睡觉的时间准时下班就给同事们增加麻烦。你的工作方式会向员工们传递什么样的信息呢？

马基雅维利认为，要想使士兵们做好战斗准备，在和平时期就应该不断挑起战事，使军队保持鲜活的战斗力。在没有必要把你的团队搞得筋疲力尽的情况下，你是否能经常实施一些小变化，使团队成员对于一个不会一成不变的工作环境保持敏感？比如重新布置办公环境、轮流主持会议、在午餐会上享用不同的夹心面包。当然，如果总是变个不停会使人失去方向。所以应该想方设法停下来并重新做出安排，这样可以让我们看到回顾性的转折点，产生前进动力，有一种能动掌控管理的感觉。此外，除了一些让各种事情略带悬念的小小变化外，你能够为同事们带来怎样的稳定感和安全感呢？

4．处理模棱两可的情况

阿什里奇商学院的菲尔·霍奇森（Phil Hodgson）先生介绍过遇到模棱两可的情况时推脱责任的现象。有些下属遇到这样的问题时不知如何处理，便把它推给了老板。老板为了显得自己足智多谋，只说了一句"把它交给我吧"。随后他把问题推给了自己的老板，后者接着又把问题推给了更高层级的老板。如此一路推托下去。作为最高领导者，你听到这种情况时，会感觉好像有一阵不确定性海啸正在朝着你的办公桌袭来。你应该对问题发表斩钉截铁、一锤定音的意见。我遇到的一位大使对他上任后100天内的工作经历感到遗憾："每当开会过程中出现发言停顿的情况时，他们都用期盼的眼神看着我。所以我不断地在别人沉默时发表意见，提出一些解决方案，做出一些自己没有任何准备的决定。我真希望自己一直闭口不言，或者至少提出一个精彩的问题作为回应。"

你如何应对不明确的情况？是迫使其变得明确起来，还是任其存在下去？无论如何，领导技能培训班开设的都是一种大师班课程，有助于你确定何时等待，何时采取行动。

多年来，这种耐心应对不确定性问题的需要在不同的名称下备受青睐。目前流行的术语为"消极能力"（negative capacity），这是英国诗人约翰·济慈1817年在写给弟弟的一封书信中首次提出来的。他将"消极能力"解释为"一个人有能力停留在不确定的神秘与疑惑的境地，而不急于去弄清事实原委"。《爱丽丝漫游奇境记》的作者刘易斯·卡罗尔也让我们的红皇后在镜子里遇到爱丽丝时讲出了类似的话语：

爱丽丝大笑道："试也没有用。人们不会相信不可能的事情。"

红皇后回应道："我敢说，你练习得还不够。我像你这么大的时候，每天要练习半个小时。有时在吃早餐前，我要相信的不可能的事情达到六个。"

驾驭住由不确定性引起的恐慌心理是一种本领，通过训练可以进一步驾轻就熟。选择何时行动则是一种智慧，希腊人专门用一个单词指称这种智慧：kairos。与指称时间或先后顺序的另外一个词chronos不同，kairos的含义是把握时机。它指的是领导者完美把握时机的合适时间或关键时刻。你是否可以练习更加有意识地徘徊不定，等待在看清真相的边缘，学会在说出"我不知道"这句话时感到更加心地坦然，不急不躁？

英国国防部当年在合并陆海空三军后勤部门时，位于汉普郡安多佛（Andover, Hampshire）的军需处总部走廊里摆着三大块元规划（meta-plan）木板。上面有许多随着情况变化可以重新排布的便利贴。每天早上人们一来上班首先看到的就是三大块木板。第一块木板上写着：已知情况。第二块木板上写着：未知情况。第三块木板上写着：以后会知道的情况。在我看来，这是一种耐心应对不确定情况，实话实说的一个高明方法，也是我见过的展现应变领导力的最佳方式。这也同美国前国防部长唐纳德·拉姆斯菲尔德

(Donald Rumsfeld)有关"已知的未知"(known unknowns)的那一番名言不谋而合。

5. 冒险

在情况不甚明朗、环境不断变化时做出决策，意味着很可能要求你在缺乏所需数据的情况下做出决策。我们采访过的许多领导者，都曾经有过类似于不带降落伞就从飞机上跳下去时体验到的极度兴奋的感觉。有些人的冒险得到了回报；而另一些人的冒险结果却不是这样。

冒险的棘手之处在于其完全相对性和主观性；即使最平淡无奇的决策，如果不能奏效，事后看来也具有冒险性。因此，冒险这一关键环节本身确实复杂。一方面，我们听说过有些领导者觉得冒着很大风险，将自己的事业前程都押在了一件事情上。另一方面，我们也听说过精心策划的冒险，虽然使别人感到恐慌不安，但是你自己却胸有成竹、丝毫不乱。因此，这在一定程度上就是"感到担心，却仍要去做"，然后再努力完成工作。如果你遇到膝盖上没有伤疤的孩子，你肯定会起疑心，因为这种伤疤是他们冒险并从冒险中学习的荣誉象征。你在生活中冒过什么样的风险？从中学到了什么？你曾经避免过冒什么样的风险？你从那些风险中也能学到什么？

6. 出错时坦然接受

从统计概率上来说，你总会犯一些错误。即使心怀好意，掌握着最佳数据，事实也会发生变化，出现预想不到的后果，历史会做出无情的审判。这既是你的错，又不是你的错，从中可以深切地感到领导工作的痛苦。市场发生变化，员工外流；婚姻也许会破裂，生活昏天黑地。然后市场形势回转，员工原本不需辞掉自己的工作，但为时已晚，无法挽回造成的损失。即使令人痛苦的局面不是你造成的，你怎样承受这样的罪责呢？在全球各地，许多前世界领导人都在通过追求世界和平与投身慈善工作的方式，弥补他们任职时犯下的过错。有些前世界领导人则将痛苦深藏在心底，往往承受着巨大心理压力，最终患上了心脏病，极度伤心。当我们看到英国首相布莱尔和美国总统奥巴马退休前后的照片时，不禁眉头一皱，这并非没有理由。退休后，他们面容疲惫，头发灰白。其他人则以彻底摆脱职责的方式回避工作，应对困境。这往往表现为老板越来越像个机器人，两眼凹陷，没有灵魂。最艰难的选择就是痛苦地呆坐着，并想方设法原谅自己。最幸运的领导者，此时能够通过智慧传统或精神修炼来帮助自己化解心结。犯下的任何错误都需要坦然承认。你也许不想公开承认错误。有些错误需要勇敢地在私下承担，还有些错误需要通过社会化过程来化解，使其无法再伤害到任何人。但是你需要在晚上能够睡得着，否则就会影响你下次做出更好的决策，因为你需要通过睡眠将白天接受的各种数据存储在记忆当中。

如果你不这样做，你大脑的数据库将变得日益陈旧空虚，而你做出更佳决策的能力便会日益下降，就像你的健康在没有夜间深度睡眠帮助修复也会每况愈下一样。但是你不必欺骗自己，你应有一个忏悔的地方。所以在你确实需要之前，应该尽早地找到它。它也许是个人，也许是一种惯例或仪式。总之，你需要去一个地方净化自己的灵魂，使自己正常地履行领导职责，使你的支持者们避免因你而受到伤害。

7. 参与重要的董事／股东会议

我们采访过的许多领导者都曾经在重要会议上遇到过麻烦，比如严重的技术故障、预想不到的问题、心怀敌意的股东，或者突然间对你失去信心的董事会。这也是使人们学得很吃力的一个关键环节，通常使他们妄加猜测未来的会议和发言，使他们更加意识到有必要事先进行演练，对于可能出现的不熟悉问题做好充分准备。你如何去精心准备事先策划的活动？如果你仍然认为临场发挥才算酷，现在就应把自己解雇，因为你所在的工作单位不需要蓄意破坏者。你要让员工们行动起来并向你及时反映情况，无论任务多么乏味。也许你认为可以控制自己以及自己采用的技术，但是你也许无法控制自己的听众。因此，事先准备应对可能出现的问题或者可能遇到的生疏领域，会使你付出的所有时间得到回报。即使不是这一次，也会是下一次；因为上述挑战会在各种情况下，从任何方面向你袭来。所以有备无患才是明智之举。积极寻求我们的培训、指点和帮助绝不是什么丢人现眼的事情。不要忘了，在古罗马，修辞术是绅士学者们唯一研究的领域。如今我们有忘掉这种技艺的危险，因为我们可以利用技术博得众人的喝彩。但是修辞术的魅力仍然保留在包括广为传播的 TED 演讲在内的各种演讲当中，使我们看到人类沟通与讲故事的基本需要不会随着时间推移发生很大变化。

8．了解数字语言

我们的研究结果揭示出的关键环节之一同财务有关。外交与英联邦事务部非常重视培训雇员具备去国外工作的能力，这一点一直给我留下深刻印象。它尤其重视语言技能培训。商务上的语言就是财务。将业务活动转换为数字，可使企业管理者或同其绩效有关的人员及时跟踪业务进程，在不同业务活动之间进行比较。因此，我们为什么要让领导者们声称数字与他们无关呢？这就好比生活在法国却不懂法语显得有失礼节，很难在那里如同本地人一样经营业务。

如果你不懂数字语言，最好从现在学起。否则你就会有可能在黑暗中、在决策是一种冒险活动的环境里发号施令。在这一关键环节里，领导者以往均自誉能够通过数字语言透彻地解说业务，阐明工作方法与工作重点。对许多人而言，当他们最终找到一个能够说明一切的故事时，就会恍然大悟。

我曾经工作过的一家职业服务公司领导者讲过一个"随货赠送水龙头"的故事。这家公司通过分析发现，他们的合作者为了争取更多业务，一直在提供各种额外优惠，使利润降到了最低程度。当这位领导者向全体员工发表演讲，强调厉行节约的必要性时，他讲述了一个水管装修工的有趣故事。这位工人为了进一步吸引客户，随货赠送水龙头。结果证明，赠送的黄铜水龙头比客户们喜欢的陶瓷水盆还昂贵。这样一来，他的慷慨赠送行为就使他渐渐停业了。上述简单的类比，使公司上下都在议论"黄铜水龙头事件"，开始更加重视隐性成本以及业务文件中每种项目的具体定价。

9. 连点成线，理清头绪

你如何在本工作单位内部汇总各方面信息，并理清头绪？老式组织鼓励员工一专多能，见多识广，不画地为牢。如今许多组织雇用各方面的专家独当一面。如果没有工商管理硕士，或者没有健身房、吸烟室，当今许多领导者绝不会充分了解其他部门的工作细节，也不知道本单位各个方面是否配合得恰到好处。对各个方面情况缺乏了解，就会使人闭目塞聪、视野有限，产生狭隘的竞争行为。你也许玩过将"报纸"撕碎再拼成一起的游戏。每个人手里都握有不少随意抓取的报纸碎片。你必须把手中的碎片放回原来的位置上，使报纸能够按时"印刷"。在游戏过程中，可以提示让每个人藏匿一些报纸碎片，想出一些狡猾的谈判策略。当然，这是要把戏。每个人应该做的是把手中的报纸碎片拿出来，一起完成拼报纸游戏，不要藏有私心，不顾大局。如果你所在的工作单位有哪一部分对你来说还是个谜，你要去那里待上一天了解情况。

在大型会议上我采用的打破僵局的一个方法是：要求坐在每一张桌旁的

代表们列举出他们的共同点。如果他们不能以"今天出席同一个会议"作为共同点的话，这还真是一个过高的要求。但是最后我们发现了如下各种共同点：第二语言或节日，类似的宠物或孩子，在同一个地方购买的床或内衣。各种差异可能会分散人的注意力，但是只要我们用心寻找，其中总是潜藏着一些共同点。亲自深入陌生的地方，是真正了解异同，了解所有一切如何形成整体的最佳途径。在这方面花时间努力探究，可以使你更好地理解差别，能够在未来有所作为时专注于实现首要目标。

10. 激励和影响他人

不知不觉，你已经成功地进入最高领导层。你原以为一到了这个层次就会负责一方面工作，同时管理员工，他们对你言听计从。但是当你最终上任时就会知道（正如你以前从不知道），你只能通过别人来发号施令。如果他们不听指挥，或者不知道如何去做，或者没有理解你的意图，那又该怎么办呢？你千万不要以为在美国版职场创业真人秀节目《学徒》（The Apprentice）中休格（Sugar）或特朗普（Trump）使用的欺凌方法是一种有效的处理方法。你可利用许多方法来应对这一挑战。我发现的最佳方法就是将盖洛普 12 测量法（Gallup 12）作为你的记分卡，像一个入迷者那样不停地努力积分，一直到你从所有同事那里得到完美的分数。

盖洛普 12 测量法是一个著名的研究项目，其副标题是"员工离开的是管理人员，不是公司"（People leave managers not companies）。1996 年，马库斯·白金汉（Marcus Buckingham）与柯特·科夫曼（Curt Coffman）联合发表了针对两次大规模盖洛普调查活动的评论文章。这两次大规模盖洛普调查活动为期 25 年，涉及许多国家、行业和公司的 100 万员工，还有 8000 名管理人员。他们的研究提出了可专门测量职场优势的 12 个问题。这 12 个问题曾经用来考问测试来自24家公司2500个业务部门的10.5万名员工，以发现在实践当中一个实力强大的工作单位是否也是一个更加赚钱的工作单位。下面12个问题如果得到积极回答，则体现出公司的较高的生产力、利润率和客户满意度，离职的员工也比较少：

1. 你知道对你的工作要求吗？
2. 你是否有做好本职工作所需要的材料和设备？
3. 在工作中，你每天都有机会做你所擅长的事情吗？
4. 在过去的7天里，你是否因工作出色而受到过表扬？
5. 你觉得你的主管或同事关心你的个人情况吗？
6. 工作单位里有人鼓励你的发展吗？
7. 在工作中，你觉得你的意见受到重视吗？
8. 本工作单位的使命目标使你觉得你的工作重要吗？
9. 你的同事们都在积极致力于高质量工作吗？
10. 你在工作中有最要好的朋友吗？
11. 在过去6个月里，你的工作单位是否认同你提到的个人进步？
12. 在过去一年里，你有机会学习成长吗？

上述12个问题大多数可以归结为管理人员是否关心员工，是否经常为他们提供支持和反馈意见。上述研究结果的一个新发现是，员工满意度对于工作表现有很大的促进作用。另一版本的12个调查问题目前广泛应用于许多组织当中，通过了解最新动态、预测、跟踪、比较不同部门和业务网点的每月收益情况。这项研究也表明，管理人员对工作单位的绩效影响最大。这项研究传递的另一个严峻信息是：如果你的团队表现欠佳，很有可能是你的过错。

11. 灵活改变工作方式

你在处理员工问题的时候可能会遇到这样的情况：按着一个思路冥思苦想却毫无结果，陷入僵局。突然间，往往是一气之下，你改变了思路，问题就迎刃而解。这时的感觉就是满心欢喜。亚伯拉罕·马斯洛（Abraham Maslow）曾经说过，如果你唯一拥有的工具是把锤子，那么周围的一切看上去都是钉子。这个关键环节就是暂时放弃长期以来养成的工作习惯，避免因过度依赖这些工作习惯而限制你充分调动员工的积极性。

我们在阿什里奇商学院探讨工作方式时所采用的一种动觉训练形式是"交际舞"训练法。一对舞伴手掌相对，默不作声，在舞厅里翩翩起舞，辗转腾挪，避免撞到其他成对的舞伴。在第一轮训练中，领舞者"推着"自己的舞伴穿梭游走在舞厅当中。如果舞伴没有脚跟触地、没有拒绝移动，跳起舞来随步移身就很容易。领舞者可以看到前方，小心翼翼地引导自己与舞伴绕过其他舞者，避免使自己的舞伴受到伤害。接下来变换一下方式，让领舞者"拉着"自己的舞伴穿梭游走，又是手掌相对，避免撞到其他舞者。这样一来，领舞者就看不到前方的移动路线，必须由舞伴引路，因为手掌与手掌的接触一旦中断，他们就不再是领舞者了。我们询问跳舞倾向后得知，喜欢推式和拉式移动舞步的舞者通常几乎是势均力敌。我们探讨了上述两种方式最适合应用的场合，以及人们需要克服自然倾向，主动用最佳方式完成身边任务的情况。接下来我们又问道，在这种训练中由舞伴领着跳舞感觉如何。有人承认被舞伴推着跳舞感觉很放松（"我只是闭着眼睛就行了"）；但是大多数人则喜欢由舞伴拉着跳舞，因为这样他们有一种合作感与责任感，可以看到移动的方向。这也符合所有员工调查中反映出的情况：初级员工总是觉得没有充分发挥作用，没得到足够的信任与承认，很想有机会通过更有意义的工作来证明自己。

情商研究大师丹尼尔·戈尔曼（Daniel Goleman）提出的有关工作方式"高尔夫球棒"理论，更加详细地剖析了助推式与牵引式工作方式的特点。他所说的助推式工作方式具有强迫性、权威性与先导性特点。他建议在处理紧急情况、期待局面好转以及同问题员工一起工作时采用强迫性工作方式（"照我说的做"）。但是过度采用这种工作方式会抑制组织工作的灵活性，打消员工积极。他所说的权威性工作方式（"跟我来"）在业务状况不确定时非常奏效。但是当你的下属比你更熟悉业务时，这种工作方法却不灵验。而先导性工作方式（"照我这样做"）可以制定高标准并树立典型榜样。这种工作方式在员工业务水平过硬、工作积极性高时非常奏效。但是对那些工作起来有难度的员工而言，这工作方法却使他们感到力不从心，很有压力。

戈尔曼提出的牵引型领导风格具有亲和、民主与培训等特点。他建议运用亲和的领导风格（"以人为本"）建立和谐的团队关系，提振士气，但是运用过分则会使表现不良的现象屡次出现，不受约束。民主的领导风格（"你有什么看法？"）可以有效培养参与意识，增强责任感，有助于产生新的想法，但是运用过分则有可能导致团队无休无止地开会，缺乏前进动力。培养型领导风格（"试试这个"）更加关注个人发展，特别适用于那些有上进心的员工。不过这种领导风格也有适得其反的时候；在那些意识不到变化的必要性并对变化有抵触情绪的员工看来，这种领导风格颇有披着羊皮发号施令的意味。在高尔夫球运动中，你不会用发球棒轻击球，也不会用轻击棒发球。要想完美地打完一局，必须精心选择合适的球棒来击球发球。因此，优秀的领导者"可以出色地运用所有球棒，轻松自如地变换球棒"。

有时问题同领导风格关系不大，主要是遇到了原地踏步、没有进展的问题。保罗·瓦兹拉威克（Paul Watzlawick）、约翰·威克兰德（John Weakland）与理查德·费什（Richard Fisch）在合写的有趣专著《改变》

（*Change*）中，解释了人际交往中"原地踏步模式"的概念。你是否玩过9点连线游戏？在这个游戏中，你要用4条直线将所有的点连在一起，同时又不能把笔抬起来。

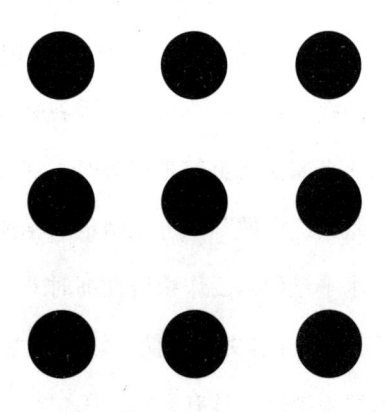

图2　9点连线游戏

当你看到实际连点方式时（详见附录2），就会感觉到非常气恼。只有通过"不落俗套的创造力思维"才能解决这个问题，因为正如爱因斯坦说过的一句名言那样，我们不能用制造问题时的同一水平思维来解决问题。瓦兹拉威克将这一原则用在了人的身上。

你是否有过这样的经历：觉得自己同某人陷入了时间扭曲的境况中，同样的谈话内容反反复复，没完没了地说个不停？他们认为，我们一心要"改变另一个人"，却看不到自己也在促使这一过程持续下去。这有些类似于下述情况。有一份错误连篇的报告不断被送来，要求必须将其中的错误改正后才能将报告送出去。你决定着手处理这个问题，与同事们一起坐下来，指导他们完成整个过程，说明你的具体要求。但是由于你下次需要时间核查报告，你便商定了一个较早的期限。下一次报告送来时，情况更加严重。为什么？因为你的同事们修改报告的时间减少了，并且知道你会亲自核查报告内容。因此你不断重复这个过程，更加努力使你的同事把事情办好。在这个过程中，你变得越来越紧张，投入了很多精力。但是在你看来，你的同事却越来越不卖力。

这就好像热力学第一定律，能量似乎一直是守恒不变的，但是你的同事并没有耗费很大能量来撰写内容准确无误的报告，而是你在耗费很大能量修改报告。凡是面临着青少年寝室凌乱不堪问题的人，都会体验到一种不寻常的类似感觉。瓦兹拉威克很有道理地发问：为什么不放手呢？如果你不再以自己的能量继续支撑着这个原地踏步的僵局，这种情况便难以为继。比如，告诉你的同事以后可以把报告直接送出去，他们就不会像现在这样用心检查了吧？他们即使不反对，至少也会真正理解你的观点吧？你必须要应对放手的风险，但是若能注意到你现在陷入了原地踏步的僵局，这就是发现走出困境方案的第一步。我从瓦兹拉威克的著作中得到了什么有益启示呢？治疗失眠的方法：我没有紧闭双眼、数着有多少只羊，反倒是一直尽力睁着双眼。茫然地睁着双眼容易使人感到疲劳，很快就会进入梦乡。

12. 分配任务／给员工授权

我们采访过的一位领导者在谈到分配工作，选择要做的工作时，说过一番非常睿智的见解。那就是他的"领导与学习"原则。大意是说，领导者不应该亲自去做任何事情：作为一个指导原则，他们应该把所有的任务分配下去，这样自己就可以自由地发挥领导作用。这一原则的例外情况是：能体现出领导者正在发挥领导作用的任务，或者他们从中可以学习受益的任务。我们经常去做那些自己喜欢或者擅长的事情，做那些使人感到重要或者别人要求我们做的事情。这个规则表明，我们应该只做那些难度极大，可以从中学习受益的事情。在VUCA的环境中，灵活的学习能力就是我们的第一道防线。我们应该做的其他事情都是可以为我们提供领导机会的事情，包括将货物摆放在货架上、接受媒体采访、给客户打电话或者访问一个网站。所有这些事情均具有授权领导的性质，同时也可以提供有效宣传企业文化的机会。领导者通过各种经历和个人接触来发挥领导作用。我认为领导者就好像是灯塔：被灯塔拯救的船只很少靠近灯塔，但是却靠着灯塔发出的光指引航向。

13. 处理绩效不佳的问题

我们的研究发现，大多数领导者都回避艰难的谈话，因为他们害怕女人痛哭流涕，害怕男人大喊大叫。他们不想当坏人，不想把事情搞砸，以至于最后法院相见。你曾经想过没有，小斑马在哺乳期学习什么技能？我想它们在学习如何快跑，以至于不被食肉动物吃掉。但是我敢说它们还有另外的本事要学。你不必成为跑得最快的斑马，因为逃离一群食肉动物本身也有风险。你只需跑过最慢的斑马就可以。狮子一次只吃一头斑马。当狮子在啃食不幸的同类的后腿时，你就可以逃之夭夭了。我认为，这种情况也出现在组织当中。当老板开始学习如何避免艰难谈话，花费时间向为此操心的教练请教时，别人都认为重点是针对工作粗心的员工。因此他们就有所懈怠，干劲不足。渐渐地，整体绩效开始下滑，因为老板显然不太关心工作质量，不会因此斥责工作粗心的员工。如果你认为这只是你和工作粗心的员工之间的问题，请你再好好想一想。此处受到影响的是你们整个团队的绩效。放下手里的这本书，去找工作粗心的员工谈一谈。

14. 倾听员工意见

当加里·哈默尔（Gary Hamel）在他们之间爆发的著名论战中公开批评迈克尔·波特（Michael Porter）的方法策略时，他在谈到组织时总是说"瓶颈是在瓶子的顶部"。他认为，使高管人员进入公司企业高级职务的那些经验到现在已经不适用，甚至还很危险。不应该让这些人负责事关未来发展的战略任务，因为他们的以往经验使他们难以看到未来的发展方向。他认为，基层员工经常能够了解到真实的客户体验情况。他们处理投诉，倾倒垃圾，在电梯、汽车和走廊里可以听到各种谈话内容。所以许多领导者高度警惕防范自己的私人助理和司机——他们非常了解本单位的内部情况。即使最有热情的变革推动者也承认，抵制情绪有时也会很有帮助。有时员工们抵制变革是因为他们了解一些你不了解的情况。他们知道行不通，以及行不通的原因。但是你宁愿雇用那些有着行业标准的一流战略顾问，这样就用不着你亲自制定标准来影响员工了。抵制就是情报，抱怨就是反馈。离职面谈呢？你应该亲自出面处理这些问题。了解员工为什么要离开，他们要去哪里就职，这会使你有必要明白谁会赢得人才争夺战。我曾经就职的一家公司在那些为竞争对手效力的员工履历上做了标记，这样我们不仅可以密切监视报酬之类的情况，也可以密切监视新软件项目、客户或市场等方面的情况。不要像我们曾经采访过的一位领导者，在公开场合犯了一个令人难堪的错误，后来发现有位初级员工发出了及时警告，结果被一位不想妨碍老板美事的阿谀奉承者拦截了下来。

阿特·克莱纳（Art Kleiner）提出的核心层理论（Core Group Theory），解释了为什么领导者特别容易受到不完全信息的影响。克莱纳认为，在任何组织中，核心层均有着磁铁吸引铁屑般的效应。每当核心要员出现时，人们全都毕恭毕敬。每当我们邀请一些首席执行官或者部长官员给培训班学员讲话时，就可以清楚地看到这一点：大家围成扇形，站得笔直，很注意自己的行为举止；高官们一开玩笑，大家就开心大笑，讲起话来也比平时和气；当然还会提出一些非常聪明的问题。克莱纳指出，此时有几种现象在起作用，它们既很有影响，也很危险。其中一个是关注的影响力。无论他们发现你在注视什么,同样也会引起他们的关注。当年在德勤(Deloitte)会计师事务所工作时,我们迎来了一位新上任的总经理。他上任后所做的第一件事就是给那一周没有及时上交考勤单的每一位员工打电话,以后这类事情再也没发生过。

这种关注的目光会逐渐转变成另外一种现象——向领导者看齐。这方面有一个很小的事例:我采访过的一位首席执行官,他在过圣诞节时收到了妻子的袖扣礼物。为了不让妻子失望,他把袖扣用在了特意买来的双袖口衬衫上。使他感到大为吃惊的是,到了月末,他发现自己的高级团队成员全都开始用上了袖扣。

第三种现象是放大或变形。事情的起因也许是一次通勤路程不畅,或者在办公室里发火,但是到了中午吃饭的时候,问题就变成了失业,经济没有了来源。可能是当场说过的一句话,也可能由于并无恶意的疏忽纵容了不良行为,或者不想成为不受欢迎的人。美国脸书公司首席运行官谢丽尔·桑德伯格(Sheryl Sandberg)对自己曾经宣布的在美国开会时不使用PPT的规定感到后悔。数周后她被告知,"欧洲"对她非常不满,因为他们发现离开PPT很难向客户推销产品和服务。因此她不得不出面对整个全球销售团队做出解释:她只是表示了一种在本地同她见面时的个人倾向,那并不是针对全球化公司的硬性规定。

克莱纳认为,我们总想取悦核心领导层,而且在缺乏相关数据的情况下,我们会确定掌握一些作为忠诚的管理人员所需的事实和传真材料。日本人以一种特定的情感描述此类"令人愉快的依赖感",在日文中称为"甘え"[1]。这种甘心沉浸在依赖家长情感的倾向,会阻止下属摆脱依赖感,无法像成年

---

[1] 指的是类似儿童对母亲撒娇的特殊依赖情感。——译者注

人或同事那样为人处世，凡是使领导者不高兴的事情都没有胆量去做。这样一来，最接近你的人很有可能只对你说一些他们认为是你想听的事情。你心里必须明白，他们若不把实情透露给你，反倒会使你感到不悦；你一定要通过司机和私人助理等非正式渠道来规避风险。你新招聘来的最年轻员工能否成为积极向上的导师？趁他们还没有停止关注周围一切的时候，尽快了解他们获得的第一印象。

15．知道何时寻求帮助和建议

这一关键环节针对所有那些颇为自负、不肯承认并没有掌握所有答案的领导者。多年来被奉为具有英雄气概的领导榜样本身也有一定的不良影响。由于领导工作总会面临着问题不甚明朗的情况，任何人都不可能真正知道应该做什么。但是下属员工在遇到困难时，往往要求领导立即下达明确指示，否则他们就有一种受到冷遇的感觉。一定要注意取得帮助的方式，应该任用什么人，因为这样的行为不可能不带有感情色彩，从中传递出的信息可能毫无益处。我们遇到过的有些领导者之所以失去了别人对他们的尊重，原因在于他们过于依赖那些喜欢操控别人的中层管理人员，或者为了加强自己的权威性，他们浪费大量资金聘请了一些并不称职的顾问人员。寻找值得信任的"私人顾问团"是每个卓越领导者的首要任务。如果单干不明智，就不要去当英雄，而是应该认真听取别人的建议。

16．提出与接受反馈情况

在我们的最初研究中，这个关键环节最初同如何对待表扬有关，无论是受到老板、同事的表扬，还是受到基层员工的表扬。也许只有英国人感到表扬经常使人不舒服。学会很有风度地说一句"谢谢你"，而不是轻视反馈的情况（因而也轻视反馈情况的人），这样做似乎很难。在我们的焦点小组讨论中,这一点迅速转变为更为普遍性的谈话,内容集中在反馈具有彻底转变作用的关键时刻上。下述情况仍然属实:高层人士经常得不到高质量的反馈事实,因为他们所处的地位容易招致批评责备或者阿谀奉承。这两者均不利于组织发展。所以当有人尽心尽力地将真实情况反映出来,或者以具体方式体现出优势时,我们的领导者感到满心欢喜,决心以后也让同行们得到相同的支持。由于情况不熟或者缺乏信心,他们经常止步不前。而由此释放出来的能量则可以极大地促进他们的领导工作。你采用何种反馈形式并不重要,重要的是你会提供反馈情况,而且做得很好。

另一方面,听取严峻的反馈情况可使人感到痛苦,但是理应如此。这就是彼得·弗罗斯特(Peter Frost)和桑德拉·罗宾逊(Sandra Robinson)两位学者所说的"毒物处理"(toxic handling)。这关系到学会如何听取可能造成伤害的破坏性反馈情况,因为你是领导者,你的职责就是接纳它,并像避雷针一样将它导入地下,不让它对本单位造成任何伤害。要学会迎接为组织承担痛苦的机会,但是也要保护自己,不要过于以个人名义承担痛苦。这需要力量和智慧。在很多情况下,这只会造成紧张和冲突。我们采访过的领导者都希望当时就知道那不是针对个人的,那只是工作职责;希望当时就知道有幸为本单位效力是他们能够领导集体渡过难关的最佳途径。

17. 平衡工作和生活

奥斯卡·王尔德(Oscar Wilde)写过一部令人伤心的童话故事《快乐王子》(*The Happy Prince*, 1888)。在这部童话故事中,一只燕子与城市里已经去世的王子雕像成了好朋友。耸立在底座上的快乐王子看到了人们的疾苦,盼咐那只燕子用他雕像上的装饰物去帮助他们。燕子从雕像剑柄上取下红宝石,从雕像眼睛上取下绿宝石,然后取下了遮盖着雕像身体的金叶子,用这些宝石黄金来救助受苦受难的穷人。市长从雕像旁边走过时,抬头看见雕像变得非常丑陋,于是便下令将雕像拆除。

这篇童话故事以寓言形式极为生动地描写了过于无私奉献者的结局境遇。科洛社会领导计划(Clore Social Leadership Program)提倡一个卓越的行为准则:认识你自己,做你自己,照顾好自己。尤其在社会方面,人们很容易认为只要努力工作,工作到很晚,工作表现非常出色,这样就算是道德高尚。然而如果你鞠躬尽瘁,耗尽精力,那样对组织会有什么益处呢?

同我合作过的一些神职人员认为,他们的工作就是鞠躬尽瘁地为他人服务。这种工作精神甚至还有一个神学名称"神性放弃"(kenosis),即自我耗空(self-emptying)。但是我认为,这是一种认识上的混乱;在最坏的情况下,这主要是一种自我意识,而不应是无私精神。你的确别具一格,与众不同,但是其他人也各有特点,也响应号召在宗教生活和志愿者行动中为他人服务,或者通过自己的工作、看护行动努力为他人服务。你还可以多做些什么,为你领导的那些下属人员在处理好工作与生活的关系上树立榜样,而且培养你周围的人才,共同担当一些工作?在18岁至24岁的年轻人20%都没有工作的国家里,我们过度劳累的工作习惯正在造成灾难性的后果。资深人士由于过度劳累正在变得筋疲力尽,与此同时又非常缺乏适合初级劳动者的就业岗位。

在商业上的表现呢?过度劳累使人有精神压力,对正常睡眠产生不利影响。如果睡眠不好,那么形成记忆、做出有效决策的能力就会减弱。这样一来,你就成了本单位的一种潜在风险,因为你无法记住各种事情。另外,你也更容易失控,使你的行为难以预料,将自己变成一个整体上不太可靠的同事。

但是,如果你克服了那一切并继续努力工作,应该谨慎小心才是。必须仔细检查一下,确使你要攀爬的梯子靠对了墙。如果你爬上了最高处之后却发现,还有许多你更喜欢攀爬的梯子,那会是非常遗憾的。

以上阐述的17个关键环节，是我们从自己的研究成果中提炼出的全部内容。这是我们对于领导者应该具备的必要领导素养所做的最佳猜测。如果其中的任何内容使你夜不能寐，或者使你不再去申请下一个工作职位，你可以着手做一些适当安排，利用附录1来帮助你。如果你能够学会将上述17项关键环节全部做得恰到好处，你将无所畏惧。但是你如何把这样一个很长的清单变成适合候选领导者们使用的灵丹妙药呢？为了回答这个问题，我们再次回顾了我们已知的有关领导者如何真正学习的所有内容。

第二章　领导者如何进行高效学习

高效学习法

现在我们知道领导者应该具备哪些领导素养，那么如何最有效地将这些内容讲授给他们呢？要想回答这个问题，就应该尽快初步了解一下大脑的工作方式，然后再继续探讨其他内容。本章将为领导技能的锤炼过程奠定研究基础。如果你认为理论同自己无关，可以忽略不读。

当年我们在阿什里奇商学院设立未来领导者计划时，情商作为领导力培训计划的一个常见环节才刚刚出现。那时我就开始给国防部那样的重要客户学员讲授情商方面的内容，并对大脑的情商解读产生了兴趣。我现在有一个讲学时随身携带的大脑塑料模型，那上面标着各种有趣的名称，比如延髓（medulla oblongata）、胼胝体（corpus callosum）。但是我认为，可以用很简单的方式解释整个大脑。对此，神经生物学家和纯粹主义者则不以为然。

我们先来分析一下有着最长生存记录的物种：爬行类动物。没错，也许细菌在某些方面更胜一筹，但是我们仍将鳄鱼作为案例研究对象，因为我们同爬行类动物有着一定的生物相似性。当我们全都成为鳄鱼时，究竟会有多聪明呢？非常善于在淤泥里打盹；非常善于猛扑过去捉住猎；非常善于生存。

但是带一只鳄鱼去看言情片吗？我们甚至拿它们缺乏情商的特点开玩笑——"鳄鱼的眼泪"是最为愤世嫉俗的指责。生存能力值得称道，但是在神经的复杂性这方面存在缺陷。不过我们还是进化了，更大的大脑提高了处理所有那些细节的能力。大象会感到伤心悲痛；狗在你的鞋里撒尿；当你不在时，猫会生闷气；甚至有一部电影专门描写哭泣的骆驼。哺乳动物善于表达感情，后来又出现了直立猿人（Homo Erectus）和智人（Homo Sapiens）。如今我们可以心怀非常错综复杂的感情。莎士比亚笔下的朱丽叶就说过："我唯一的爱来自我唯一的恨。"你还可以获得这方面的学位。但是如果你看一看我用的那个有着腌核桃熟悉外表的大脑塑料模型，就会注意到在其内部还有另外一种深藏的干果核仁。这就是以希腊语中的"扁杏仁"一词命名的杏仁核（amygdala）。这是我们爬行类动物大脑遗留的痕迹。我们为何将它保留了下来？因为爬行类动物都是生存专家。这表明我们需要密切关注杏仁核为我们所做的一切。

比方说，有个孩子跑过来给你看一幅画，你的大脑将这件事情记录下来，就像你用手机拍照一样。为了启动针对这件事情的反应，你的大脑将这幅画传到中心归档系统。在那里很快进行核对比照，并下达简要反应指示：蹲下来，接过那幅画，好好地赞美一番画中呈现出的色彩和活力，即使你不知道画的是什么也没关系。当你的身体处于平静的生理状态时，那就是信息处理在进行中：输入信息、比照信息、做出反应。

我们的大脑中也有杏仁那样大小的东西。鉴于杏仁核作为我们长寿卫士的重要地位，大脑中心归档系统将信息副本传到杏仁核。就像发给你的大量电子邮件一样，本书大部分内容对于大脑杏仁核而言都是垃圾废物。想象一下，你的大脑杏仁核有些像最恶劣的那种青少年，而大脑中心归档系统中就像是有一位牛津博士，他拥有信息归档博士学位，工作勤奋，一丝不苟。他非常详细地记录下了你遇到的所有一切。他的归档系统性能非凡，但是存储空间已满，因此有时要花费一些时间才能找到所需信息。同你那位只会耍酷的青少年对比一下。那么过时毫无新意？直接扔到垃圾桶里算了。他只会记录重要内容。比如由于你弟弟或妹妹的到来，你的童年被毁掉的那一天；或者圣诞老人出错的那一天；你拥有的第一辆自行车；你读的第一所学校；你的初吻。如果我们研究一下他那本记录着往事的相册，它看上去有些褪色，陈旧发黑，从中可以看到20世纪80年代时兴的垫肩、发型；早期拍摄的许多照片都是出生、结婚和死亡过程，是并不多见的生动记录资料。比较以上两种归档记录系统还是有所裨益的。一般情况下，杏仁核存储的各组零散数据体包含的风险已被控制住，因为牛津博士负责着数据管理。但是要记住，大脑杏仁核负责的是物种生存。所以当你遇到危险时，他的作用便显现出来。当你的身体受到威胁时，杏仁核便会根据你的理性大脑指令控制局面。他可以反应更迅速，因为他用不着查看大量其他数据就会找到答案。

　　但是我们需要密切关注他的各种优点和局限性。在此且举一例。想象一下当你为德勤会计师事务所工作时，你的大脑杏仁核状态好得令人难以置信。有一天，一位客户在电子邮件中发现了一个错误。他简直要发疯了。他打电话投诉的每一个人都不在，最后把电话打到了我这里。他冲我大喊大叫了一番。他在电话里说出的那些话我实在没法在本书里重复。我做出了什么反应？我想去洗手间。这并不是最有利于职业发展的举动。也许"撤离"是应对压力的正常反应。但是我越想越感到纳闷。他大喊大叫使我感觉受到了威胁。普尔[1]处境危险！我的杏仁核立即冲出来救我。他赶紧翻阅相册寻找先例，终于发现了

---

[1] 本书作者。——译者注

035

一个类似的情况：一位怒气冲冲叫嚷着的老人？我爸爸；还有我，当时三岁，挨了一顿训斥，因为我把一个果酱罐碰到了地上，打碎了一个祖传的果盘。你三岁时做出了怎样特别出色的反应？没错？一个"事故"，你爸爸很快就要回到室内把你妈妈找来，让她帮助处理浴室里的事情。叫嚷声停止了。30岁时呢？做不出这样机智的反应。

但是我的大脑杏仁核要做什么？首先，他要给我争取时间，让电话那边的人停止喊叫；然后要向我明确表示这不是我的错。我有两次都被别人冤枉了。但是冲我大喊大叫的人需要停下来，好让我有机会表明自己的观点。我从中还了解到我的"档案柜"里有多空荡。我的大脑杏仁核只能找到1975年的陈年旧事，以此作为那位"喊叫的人"的对应模板。于是，我便忙碌起来。第二年，我开展了一系列小规模"挑衅滋事"实验，直到我找到了一整套能够在发生冲突时对我有所帮助的参照模板。果然，一年后我又遇到了同样的事情：有位男同事因为某件事在电话里冲我发火，大喊大叫。这时我高兴地注意到，所有那些参照模板预案终于能够使我巍然屹立，并同他开展了一次稳妥的谈话，而不是转身离开走进最近的洗手间。

要记住，你的大脑杏仁核会尽量保证你的安全，还会产生各种数据。电话铃声响起时，你会产生那种有趣的感觉吗？这并不会让你显得愚蠢，而是极为复杂的第六感觉会帮助你脱离危险。即使有时会出错，那也是因为掌握的信息不完整，并非存心不良。如果你在自己所做出的反应方面有任何脆弱之处，不要听之任之，应该努力获得一些新的行为模板。输入是垃圾，输出也必定是垃圾。你在遇到麻烦时有什么样的资源可以利用，这决定着你有效处理问题的能力。

这种基本的洞察力影响着"肌肉记忆"内容与确定行为模板的理念。但是随着有关领导力学习与大脑的更为复杂理论的提出，这种学习过程是否同我们所想的一样？于是，我们便开始采用各种方法来探讨解决这个问题。

影响评估

阿什里奇商学院的模拟练习是根据理论设计的，所以一开始我们就很想检测这种设计的实际效果。多年来，我们对模拟练习开展了一系列评估活动。第一次评估活动由梅根·赖茨（Megan Reitz）负责主持。当时我们向一批有代表性的校友提出的问题是：我们帮助他们建立的"肌肉记忆"经检验是否有用。

我们的发现结果可以通过以下陈述加以概括：

我确实认为，艰难谈话训练使我认识到压力会对我产生怎样的影响。每当我真的感到不安时，我就开始深深地吸一口气，满脸通红，对身边那个人感到有些不适应，明显地注意到自己说话时的声调和语气。我一开始有那样的感觉，就知道我该走开了。但是现在我知道应该说："请稍等一下，你不介意我去倒一杯水吧？"然后就打消了离开的念头。那种自我意识对我真的很有价值，因为它意味着现在我可以控制自己了。

这就是我们想要的结果。遇到特定情况时，能够更好地处理问题。另外还有时间思考以做出适当的决定。这种学习过程有很大的迁移性。

纵向发展

除了这种在压力下履行领导职责的能力以外，我们还想知道这个学习过程使学员们对领导力的本质有了哪些理解。哈佛大学教育研究生院的库尔特·费希尔（Kurt Fischer）教授为此专门过来帮助我们。他的行为依据便是他提出的"动态技能理论"（dynamic skill theory），目前我们的同事艾伦·普鲁艾尼

(Ellen Pruyne)正在跟随他攻读这方面的博士学位。费希尔所属的学派认为：你对一件事情了解得越多，你对它的理解也越复杂。因此加大学习的力度和难度非常重要。

费希尔的同事西奥·道森（Theo Dawson）将这个过程称为纵向发展。我们知道，高层领导者需要能够从多种角度看问题，以便有效应对模棱两可的情况，在不确定的情况下明智地做出决策。我们也知道，学习涉及积累知识，并将知识组织成心像图（mental maps）。随着我们的成长发展，我们的心像图也变得越来越复杂，因而也有助于更加复杂的思维。这种日益增强的处理复杂问题的能力便是纵向发展。道森专门开发的纵向发展评估系统，已经在各种组织中使用过，以证明随着年龄资历的增长，复杂思维的能力也在增强。这表明高层人士因为具备这个能力才被委以重任，或者他们在职业生涯中发展了这种能力。她的研究结果还表明，许多重要职位要求的纵向发展水平超出了目前任职者能够表现出的程度。较高的纵向发展水平能使领导者更好地解决复杂问题。由此可见，在培养领导能力方面应该少关注答案，多重视推理能力和运用机智问题的能力。

费希尔喜欢我们的计划，因为他找不到其他任何能够体现出相应复杂性的领导力培养方法。大多数方法往往把领导力归结为几个便于教授简单定义的模式，为的是减轻学员的认知负担。这些方法使领导力显得过于简单，反倒毫无益处。哈佛大学的教育方法向我们表明，从实践中学习，尤其在压力下学习，有助于领导者深入理解担任领导工作的内涵，意识到领导工作有多么复杂，难度有多大。

神经生物学的评价视角

在了解到这种学习过程多么有效之后，我们想要知道是否可以对我们采用的方法进行细微调整。它究竟是如何发挥作用的？哪些环节最重要，为什么？于是，我们同雷丁大学的帕特里西亚·里德尔（Patricia Riddell）教授开展合作，努力将神经生物学方面的知识运用到学习训练过程中。

我们首先接触了一些有关心理压力的理论。所有的演员都知道，在首夜上演之际准备好登台时异常兴奋的种种益处。"战斗或逃跑"型压力反应背后的理念是，当我们准备"战斗"时，我们的大脑便进入最佳工作状态，使我们拥有最佳的生存机会。一旦我们准备逃跑，就不需要那么复杂的认知能力，而是需要更多的体能，这样我们的身体就可以为我们预先做好行动准备。哈佛大学的卡萨姆（Kassam）、科斯洛夫（Koslov）和曼德思（Manders）研究小组解释说，这在更大程度上是个心理决定，算不上是个绝对意义上的决定。只要我们认为有取胜的个人条件，我们就会处于"战斗"状态。有把握应对问题不是一个科学考量，而是一种感觉，一种由我们当场做出的决定。所以我们经常听到一些爆发出"疯狂力量"的事情：有些老奶奶令人惊奇地把压在幼儿身上的汽车抬了起来。这些"战斗或逃跑"状态可通过监测心血管效率的变化来加以衡量。所以在模拟练习中，我们可以利用心脏监测器来评估领导者如何处理面临的关键环节。

在运用心理测量法、调查问卷、心脏监测器、录像与观察数据等手段时我们发现，模拟练习既能促进学习过程，又能巩固学习成果，将所学内容深深地嵌入到情感记忆当中。结果，你会学得更快，记得更牢。具体来说，在模拟练习过程中心率增加同高水平的学习密切相关，后者在训练结束后的整个测试期间一直保持着很高水平。我们还发现，学习结果在很大程度上同学员之间的人口差别与心理测量差别无关，男女之间差别不大。

好消息是，"感到有能力解决问题"这一点很容易控制。我们只需发现你认为自己在哪方面没有能力，然后对你进行一番训练使你感觉更有信心，比如练习参与艰难谈话，直到你再也没有恐惧感。由于受到你本人的身体特定感受、工作方式的影响，在压力下学习要比在正常情况下学得更快。这是因为压力可以使你的大脑处于最佳工作状态，因为它也许是生死攸关的大事。即使在没有压力的情况下，有证据表明心率加快也对大脑功能起着促进作用。另外，我们还非常重视巩固学习成果，学以致用——这正是记忆标记所发挥的作用。

在压力下学到的东西被标记为有益于未来生存，因此存储在你的记忆当中，具有情感和认知两方面的意义。这样一来，在压力下学到的东西便成为重点记忆内容，以后无论遇到压力，还是在平静的情况下都能够回想起来。

在压力下学习的一个最大优点是，有助于你确立自己"学习区"的门槛。认清自己的"战斗区"在哪里非常重要，因为那正是你的认知优势所在。就像一流的运动员和演员一样，你需要在重要时刻进入这一空间。虽然，长时间处于这一空间不利于健康，但是在这种状态中你的大脑表现最为机敏。现在我们知道，如果你能发现自己在哪一方面能力不足，你就可以不断扩展这个高效空间，全面增强你的应变能力。

你究竟会怎样做呢？这里举一个常见领导力的实例，说的是在董事会层面上担任高级领导职务的能力。它主要涉及被视为权威的问题，但是还涉及在共同领导一个企业时从整体上为其增值的问题。在我们列出的关键环节清单上（参见第一章），这相当于使自己具备有效召开重要董事会／股东大会的能力。一开始要做的准备工作也许包括订阅一份业内核心杂志，比如《哈佛商业评论》。你也许要利用推特简讯密切关注业内核心领导人，看看他们心里都想些什么问题。你还要适应新的环境，利用免费的在线模块、TED演讲、播客与有声读物软件填补你在业务上的知识缺陷。接下来，你就要逐渐接触普遍价值观，通过培训，学习新的具有影响力的技巧与演说演示技巧。也许你还要不断跟踪观察重要领导者、客户、供应商或合作伙伴的工作，并花时间密切关注这些企业单位中较为陌生的业务。你可以多做一些努力,把你的研究结果在小组会上展示出来,或者就学过的课程写一篇博客日志或文章,这样可能会提高你的心率,有助于巩固学习成果。你可以利用这些经验,报名学习正式的MBA式培训课程或补习课程,经常写一些学习报告;或者可以寻求调任到一个重要合作伙伴那里或另一个地区工作一段时间。如果你想进一步树立自己的业内形象,可在核心专业杂志上发表自己的观点,或者举办客座讲座。最后,你还可以报名在专业会议上发表主题讲话,为其他员工和主要联系人提供培训辅导,甚至举办大师班。

上述各例体现出一种在每个阶段树立信心、培养能力的循序渐进的方法。风险越大越好,只要你能有效控制风险,你便愿意知难而进、积极进取。

采用机械方法提高心率

在阅读有关领导力方面的专著时,能否采用机械方法提高心率,取得同样的收获?这在一定程度上是可行的。我们在雷丁大学的一位同事曾经积极努力回答过这个问题。凯瑟琳·布雷赫尼(Kathryn Breheny)在攻读理学硕士学位时,劝说20名研究生参加了一次骑自行车锻炼的研究活动,目的是为了测量体能锻炼对阅读理解所产生的影响。这次研究表明,骑自行车10分钟后阅读速度与理解效果均有提高。如果你需要集中精力读完一篇乏味的报告,这的确是个大好消息!这次研究也支持了针对体能锻炼(或者采用机械方法提高心率)同认知功能联系的相关研究:在心率提高期间或者刚刚提高之后,认知功能也随之提高。通常给出的解释是,当人类还处于狩猎与采集食物阶段时,在运动中工作效率最高的大脑对人类生存能力产生着重要影响,帮助我们在躲避危险、寻找食物的过程中及时解决问题。

心率提高时,大脑的体验也更为敏锐,这有助于我们增强对各种事情的记忆，但是以后能否想起记忆过的事情则另当别论。在压力下学习胜过呆板机械性学习的优势正体现在这一重要方面。我们在回顾前文提到过的哺乳动物大脑中的牛津博士时，设想一下这样的情形：在健身房里度过一段黄金时间后，他便能够更加高效快捷地记忆文档资料，就连记忆的各种文档内容也用更加漂亮的书法写在了整洁的索引卡片上。当然他掌握着最新信息，他的文档系统也处于最佳状态。但是当杏仁核仗势欺人时，牛津博士的高标准处理方式也会失效。也就是说，同任何由体能锻炼引发的最佳认知功能一样，领导者只要在杏仁核中存储了经历过的任何关键环节的记忆内容，今后就会得到最好的保护。我们从伊丽莎白·菲尔普斯（Elizabeth Phelps）与托尼·布坎南（Tony Buchanan）等学者的著作（以及《头脑特工队》这一类型的影片）中了解到，借助于情感可以做到这一点，以便在对个人经历进行编码时激活杏仁核。这是给记忆内容做标记，为的是将来在任何紧急情况下，可以毫不费力地回想起来，因为这些重要内容已经被存储在大脑的"急救箱"里了。

间接学习

我们获得的另外一个辅助发现是，我们同间接学习有关。许多人更愿意从外围学习，因为他们认为积极参与体验式学习过于显眼。因此，我们担心在选择的教学方法上有歧视成分。在测量心率和学习效果过程中我们发现，当参与测试的人员一直在旁观而不是直接参与关键环节的训练时，心率与学习效果之间存在着相关性。每次亲自参与训练的学员的心率往往比较高，学习收获也大；与此同时，只要那些旁观者也有明显的参与感，以至于影响到自己的心率时，他们也有学习收获。

这的确是个重要发现，积极学习者和消极学习者都在学习训练中将"反思性"学习视为闲暇活动。组织中也存在这种现象：一般不会把凝视窗外的举动视为"正在工作"。为了维持宝贵的训练支出，许多学习与发展部门认为在课上花费的接触时间越多，花的钱就越有价值。我并不想将反思与观察活动混为一谈，但是我确实想表明自己对于那些喜欢间接学习方式的人士的看法。

文静的学员经常遭到敷衍搪塞，只是短暂地散散步，或者给个机会写一写心得笔记就行了。有时他们甚至被迫参加主动学习训练活动，理由是让他们感受到自己的学习优势，这对他们有益处。因此，根据神经生物学获得的研究结果，这对于那些非常不愿意引人注目，极力回避需要引人注目的学习机会的人士来说是一种胜利，因为这项研究表明你可以同时既想参与，又想退出。

在此不妨举例说明。假设你和一位同事正在同你们团队中的一个人做斗争。工作结束后，你们在冷水器旁边一边喝着奇怪的饮料，一边嘀嘀咕咕地商谈了很多次。你的同事认为已经到了正面解决问题的时候了。你可以只说一句"祝你好运，伙计，我就不掺和了"，或者你可以同意指导他们解决问题，出席会议给以道义上的支持，随后谈一谈自己对他们的做法有何见解。在你观察到同事处理问题渐入佳境时，你的心脏肯定跳得很快。如果你确实必须要亲自参与一次棘手的谈话，你会获得神经生物学意义上的肌肉记忆。作为一种选择，你可以在某种工作场合投入更多的时间和精力，也可以重点关注自己是否有可能直接参与其中。所以，你可以帮助策划一件事情，撰写一篇演讲词，或者当同事遇到困难时，主动提出担任他们的应急专家。你甚至还可以同意在时间非常紧迫时，替代那些为承担任务而感到焦虑的同事。实际上，使你成为旁观者的任何事情，都能让你有聚精会神的倾向。我们的研究表明，如果你的心率由于你在某种情况中的情感投入而加快，你也会从中有所收获。

1万小时

在此也许有必要说一说我们的研究结果同马尔科姆·格拉德威尔提出的1万小时假说之间有某种关系。格拉德威尔在其2008年出版的《异类》（*Outliers*）一书中提出了1万小时规则。他认为，在学习任何技能时，要想达到世界级水平，关键是训练必须达到1万小时。

这一观点来源于瑞士心理学家K.安德斯·艾里克森（K. Anders Ericsson）的著作。他认为根本不存在"天才"，只有勤奋努力和重复训练，才能产生不露痕迹的艺术。只有花时间付出努力，才能达到出神入化的境界。由此推及领导力领域，关于杰出人物以及领导者是天生的，还是培养的，历来就有许多争论。1万小时规则表明，任何人只有在我们确定出的关键环节上肯付出巨大的努力，才能成为杰出领导者。但是，我遇到过的大多数未来领导者并没有这样多的时间。走一条神经生物学意义上的捷径，依靠行为模板训练，可以大大缩短所需要的时间。如果说1万小时就像是建立突触联系，一开始是羊肠小道，后来随着反复练习就变成了一条小路，再后来又变成了高速公路，那么以大脑杏仁核为基础的学习就相当于调来重型机械，直接修成了高速公路。

学会如何学习

哈佛大学教授莱斯里·瓦利安特（Leslie Valiant）在他那部开创性著作《概率近似正确性》（*Probably Approximately Correct*）中认为，达尔文的进化论极大地忽视了学习所起的作用。我们知道发生了什么——适应性变化，但是具体过程是如何发生的呢？他运用生态法则的概念回答了这个问题。生态法则是一套从与环境的交互作用中学习的算法。

作为一个物种，我们通过学习实现了进化。如果不学习，我们就无法适应环境，未来生存就会受到威胁。为圆满结束本章有关学习的阐述，在此谈一谈我对学习的基本看法。如果你已经熟练掌握了这方面的知识，可以跳过去直接往下阅读；或者当你要进入下一个发展体验阶段时，可以回过头来阅读这一部分内容。下面就是我提出的成人学习3R法则：易于接受性（Receptiveness）、记忆保持（Retention）与检索（Retrieval）。这三个法则需要满足学习的三个要求：学会、记忆与应用。

易于接受性

易于接受性同显著性（salience）与激励（arousal）有关。

显著性。我们的大脑会逐渐变得日益饱满高效，对陈旧的事物提不起兴趣。因此，学习需要对我们的生存本能产生吸引力。首先要问，这是新内容吗？新颖性会对大脑中的收集本能产生影响。接下来要问，这一新知识本周、下周会对我有什么帮助？具体在哪一天？如果它看上去无用，你的大脑就不会受到激励并为此发挥宝贵的信息处理功能。如果你在所处的学习环境中遇到了困难，还没有看出学习要点，那就要加倍努力，直到胸有成竹，或者另辟蹊径。

激励。如果你的大脑正忙于处理食物与睡眠的较量，忙于排毒或释放抗体，这时它就不可能帮助你。关注自己的实际学习能力可使你避免浪费时间。暴饮暴食，摄入大量碳水化合物，或者深夜逛酒吧，对于足不出户的学习训练课程影响很坏。前者使你昏昏欲睡，无法学习；后者意味着睡眠不好，不能将白天学过的知识技能转化为记忆内容。如果你病了，不要逞英雄，应该等到康复为止。如果你感到无精打采，不妨早晨起来跑步，或者做一些可促进心血管活力的其他积极运动，这均有助于使大脑活跃起来。如前所述，做10分钟可以提高心率的运动之后，你的阅读速度与解决问题的能力均有提高。

保持记忆

学习内容安排得条理分明有助于提高记忆效果吗？阿什里奇商学院的记忆专家维姬·屈尔潘（Vicki Culpin）提出了一套保持记忆的有效方法，即MARC记忆法，涵盖了确保长时期有效记忆效果的四个重要原则：意义（Meaning，在先前所学知识的基础上组织学习材料）、注意（Attention，涉及努力与动机）、重复（Repetition，涉及复习演练）以及创造（Creativity，具有与众不同的鲜明特色）。

如果你想最大限度地提高学习记忆效果，首先应选择对你有意义的学习内容。这要求反复咀嚼消化所学内容，针对其相关性提出一些有难度的问题。你需要谨慎明察，不轻易相信一切，因为你需要在头脑中积极地为所学内容留有存储空间。如前所述，如果你可以将所学内容标记为特定的有用知识，你的大脑自然就会对它很感兴趣。否则，你必须将其并置在类似内容的旁边，这样今后大脑便可轻易地找到它。这个形成意义的过程也是教师们暗中喜欢"难缠之人"的原因。对于新见解直言不讳地发表意见，表面上争论不休，使人厌烦，殊不知这正是有效学习的表现，通常说明学习过程顺利奏效。

我们已经探讨过激励情景下的注意力问题，不过在此还要更加准确地探讨集中注意力问题。显然，身体健康的人不会随着年龄的增长变得更加健忘，他们只是不再集中注意力了，因为他们以前全都见过，或者全都听说过。以前没有记过的事情无法想起来。如果发现自己走神，不妨以新奇的事情吸引注意力。如果你觉得别人讲的内容枯燥乏味，可以提出一个问题，或者将自己听到的内容全都写下来。你也可以策划下次何时运用这一信息或知识，或者学会在发言时不急于关注对听众产生什么影响。尽可能休息片刻，喝些水，然后回来准备重新开始。这就是自我指导学习的取胜优势所在，因为你可以有效掌握自己的学习速度，更好地理解简短的TED演讲或一小段有声读物，效果好于快速播放一段现场发言录像。

关于记忆中的重复一面屈尔潘指出，短时记忆（或称"工作记忆"）仅持续大约 15 秒钟。将短时记忆转变为长时记忆需要进行复述（rehearsal）。即使大声说出来也有帮助，因为这样做比仅仅倾听时运用了大脑的更多功能。这就是为什么直接口述往往是一种很有效的学习方式。

MARC 记忆模式的最后一个要素是创造。越是能够反复琢磨记忆方法，使其生动有趣，记忆效果就越好，因为这样可在大脑中建立更多的联系。我用"My Very Excellent Mother Just Served Us Seven Pizzas"这句话记住了九大行星的先后顺序[1]。你也许用 Richard Of York Gave Battle In Vain（"来自约克的理查德徒劳地进行了战斗"）记住了彩虹的颜色[2]。你也知道下面这两个句子吧："A litre of water is a pint and three quarters"（"一升水等于1¾品脱"），"A meter measures three foot three inches"（"一米等于三英尺三英寸"）[3]。这些常用的学习记忆方法很有创造力，采用便于记忆的词语和押韵手法，效果明显。因此 MARC 记忆法确实是以恰当形式保持记忆的好方法。

检索

成人 3R 学习法中的最后一个 R 是检索：回想学习要点与学习证据。当你需要运用学过的知识技能时，大脑就会进行搜索。大脑中已经存储了大量信息，因此你标记的记忆内容越多，大脑就越容易再次找到它们。正如我们所看到的那样，对于在压力下开展学习的思考结论是：你的大脑在情感的影响下对

---

[1] 英文句中每一个单词的首字母与九大行星名称的第一个字母相同。——译者注
[2] 英文句中每一个单词首字母先后对应着表示彩虹七种颜色的单词首字母，它们分别是 Red、Orange、Yellow、Green、Blue、Indigo、Violet。——译者注
[3] 英文句子合仄押韵，朗朗上口，便于记忆。——译者注

记忆内容进行编码。你可以毫无压力地做到这一点：查阅各种讲解记忆技巧的书籍，尽可能掌握多感官记忆方法以增加记忆容量，提高检索回想的速度。但是在没有压力的情况下，我发现最快捷的学习方式就是亲自教学。这一点你很快也能做到。你甚至可以造点声势写篇微博短文，或者在脸书上播放你录制的向同伴解说相关内容的快速录像。由于要亲自讲授这方面的内容，你就必须努力深入理解它，提一些有难度的问题，在笔记中记下那些有助于你传授知识的要点。但是在树立最高信心方面，你无法胜过在压力下形成行为模板的做法，因为当你面临压力时，这些记忆内容自然会得到优化标记处理。

现在我们已经了解到领导者需要知道什么，他们是如何学习的。够了吗？还差一点。我认为还有一项需要了解的内容，它同人的品格有关，因为好的品格特点将来能使你的领导能力永不过时。

第三章　领导者的基本素养：品格

我认识的大多数领导者都希望进一步提高自信。我撰写本书的理由就是使你认清提高自信的途径。我不知道树立信心是否就是最佳目标，但我认为，培养品格是个更好的目标。不管出于何种原因，如果你丧失了信心，品格便是你赖以依靠的唯一因素。品格可以保护你的未来领导能力，因为在失去其他一切的时候，只有品格能够拯救你。勇气、毅力和决心这些品格特征是关键时期的重要领导素质。信心可以伪装，但品格却是实实在在的。本章探讨品格方面的问题，并解释为何模板式训练方法可以帮助你增强信心，同时磨炼你的品格。

请记住理查德·法林顿（Richard Farrington）这个名字。他是著名案例研究中的人物，领导者的楷模。2002年，在他指挥英国皇家海军诺丁汉号驱逐舰时，这艘驱逐舰撞上了塔斯曼海（Tasman Sea）豪勋爵岛（Lord Howe Island）附近有明确标志的礁石——狼礁。事后，他脸色苍白地对媒体说：

早晨太阳刚刚升起时，如果你使船只搁浅了，你就会受到军事法庭的审判。我们使一艘重要的英国战舰遭到了严重破坏，而事故危及250名男人和女人的生命。这是曾经发生过的最严重事故，对人的品格能产生最恶劣的影响。我想说，这是世界上最让人难受的感觉。

事后证明，他正在遵循一个历史悠久的传统（许多现代领导人似乎已经忘掉了），即承担责任的传统。实际上他当时已离开军舰陪同一位下属去了医院，让一位海军上尉负责船上事务。正是这位上尉的决定，造成了军舰搁浅。但是舰长要求国防部采纳他当场发表的要负全部责任的声明，以保护自己的下属。

什么是品格

你是否抱怨过在雨中玩游戏，结果却听父母说这"有利于品格发展"？这句话是什么意思呢？难道说，通常循规蹈矩，或者取得良好结果的人品格都不会好吗？不一定。有位当代作者在品格研究方面著述颇丰。他就是阿拉斯代尔·麦金太尔（Alasdair MacIntyre）。在《追寻美德》（*After Virtue*）这部著作中，他力图要阐明同样是行为合乎道德，原因不尽相同：这样做有时是为了能够得到外在的奖赏，有时因为这本身就是一件好事，值得去做。类似于为艺术而艺术。为了说明这一点，他利用绘画做比喻。画家通过画肖像得到外在的报酬（酬金或声名）。但是在深切关注绘画质量以及超越物质报酬的卓越技法的过程中，画家也为肖像画的普遍专业实践做出了贡献。这本身就是一种内在报酬，是一件善事。

这就是作家多萝西·L.塞耶斯（Dorothy L. Sayers）所说的"为作品服务"，而不是为社区服务。在发表于1942的《为什么工作》一文中，她担心沉迷在"服务"中会使我们受到别人意见的约束，无法看出为作品本身服务的内在质量。如果我们总是一只眼睛盯着观众，就无法两只眼睛同时关注作品。如果我们形成一种心理倾向，期望别人赞同或者至少理解自己付出的辛苦努力，那么一旦结果与期望不太相符，我们就会感到失望，作品价值也会下降。最后，我们成为时尚的牺牲品，没有任何持久的质量概念，因为它完全成为一场移动的盛宴。在某些方面，这就是专业与行业之间的古老差别。专业以提倡并严格遵守的绝对卓越标准为自豪；行业则可以自由推出用户满意的任何产品与服务，是否卓越取决于别人的眼光。

在培养领导力的过程中，也许你可以将这些特点作为领导楷模与角色楷模来教授：就角色楷模而论，你会意识到在时间和空间上要面临着更多听众。在某种意义上，你是在往前跳跃，然后回过头来审视自己的所作所为具有怎样的永恒意义。就连画肖像，麦金太尔也认为是有条件的。无论画肖像，还是起带头作用，都是因为有所回报。他是一个勇敢的人……因为那个主意看上去不错。他是一个明智的人……因为事情同他预料到的一样。他是一个好人……因为他值得这样做。麦金太尔表示，我们并不是真正勇敢或诚实，只不过有时表现得这样。既然受外界条件影响，就会有一定的制约性与利己性。当我们遇到有德行的人、品格良好的人时，他们身上总有一些长期存在的可靠特点。他们的价值观是他们为人处世的精神支柱。他们不可能刻意回避良好的德行，因为他们在骨子里就是这样的人。品格关系到做人，同做事无关。它不是一种行动，而是一种内在品质。这就是为什么当一个和善的人变得阴险刻薄时，我们就说"这与他品格不符"的原因。

这是一种品牌、一种美德与荣誉的保证，具有极为重要的意义。但是它并不会轻易地被一个自私行为或拙劣决定所毁掉。如果我们的英雄由于故意的行动或客观情况的缘故使我们失望，我们就会对他们进行惩罚。就像是投诉的客户得到了满意的处理结果后，往往会更加忠实于某个品牌一样，在品格上经过考验不仅使领导者变得更加强大，而且可以通过在逆境中巩固他们的品牌进一步增强其影响力。我们深知其影响力，因为我们在神话中就保存了这种影响力。所有传统智慧都有英雄历经磨难，最终经受住考验的故事。

大力神赫拉克勒斯经受的十二次考验、屠龙王子、戴魔戒的霍比特人的每一次考验都印证了埃德蒙·希拉里爵士（Sir Edmond Hillary）所说的这句话："我们征服的不是高山，而是我们自己。"这也是品格问题专家戴维·布鲁克斯（David Brooks）所说的"严峻考验的时刻"：此时为了变得纯洁高尚，我们必须经受烈火的考验。

印记

认真检查一件用黄金、白银、白金或钯制作的优质珠宝或物件，就会发现上面均带有一个印记。这些符号和字母印在了金属上，告诉你制作者是谁、哪里出产、采用的贵金属质量如何。如今贵金属纯度鉴定所仍然集中给上述产品打上印记，以确保贵重金属的成色。世世代代，传家宝上一直带有深深的印记，永远见证着它们的质量。印记就像是铭刻在石头上的文字，确定着你的领导身份。这就是构成你的材料。在这种情况下，它就成为你个人品牌的实质特点。当来自周围的信号偏弱，你又丧失信心时，你只能依靠自己的实质特点，你的品格。当其他一切纷纷失落时，这是你唯一剩下的财富。

如今，品格更为重要，这是因为我们完全被大量信息所淹没，迫使我们做出有效选择。也就是说，我们必须善于选择。由于前面提到的那些原因，领导者容易受到冲击伤害，因为他们必须在形势不明朗的时候表现出强大领导力，为下属们指出明确的行动方向。否则，他们就会被撤职。因此领导者需要有强烈的价值观意识，明确前进方向，做到处惊不乱，有大将风度。他们还需要做出明智的选择。

苏格兰的独立学校——戈登斯敦学校（Gordonstoun School）的创始人库尔特·哈恩（Curt Hahn）为这所学校制定了一个精彩的校训："你比自己

想象的更强大。"该校一代又一代学生都会修习一门品格磨炼成长课程,通过校内外挑战、服务与责任教学训练培养良好品格。无论是在山上陷入积雪中,顶着狂风在水上行船,在学校的消防车上接受高强度训练,还是在社区做志愿者工作,戈登斯敦学校的学生都要努力在多种苛刻的环境中深入挖掘自己身上的"更多"潜质。根据我们所了解的有关挑战性学习的知识,不难理解为什么这样的教育能够奏效,为什么像这样打下情感体验基础的教学方式会培养出如此机智多谋的校友。

如今,在学校里提倡"品格教育"是一种重要策略,因为支持这样做的依据非常充足有力。借助于狄摩斯研究中心与伯明翰大学品格与美德研究中心的研究成果我们知道,品格不仅关系到教育成绩,还关系到幸福感、身心健康以及工作上的成功业绩。对于政府而言,重要的是通过培养道德美德与公民美德,可以造就更好的公民。当然,对于重视品格培养的做法,知识界向来存在着争议。不过当代政策往往需要掌握足够的证据后才能有所作为。国家政策上的这一转变对于未来的领导者而言是个好消息,但是它也提醒现在的领导者再度关注自己的品格塑造,从担任领导的角度重新审视这个问题。

德行伦理学

在学术界,品格问题反映出对亚里士多德提倡的德行伦理学满怀热情的重新发现。德行伦理学(virtue ethics)不同于强调规则与后果的道德系统,因为德行伦理学关注的重点不是遵守法律或者冒险,而是持久的习惯和品性特点,是为德行而德行。德行本身就是报偿。

在我们当代社会的人听来,这也许有些愚蠢。因为关注后果就去做,或者不去做某事，难道就不会更有意义吗？或者由于你遵守某一生活准则就不会更有意义？然而，从现代神经生物学的角度来看，德行伦理学非常复杂。亚里士多德在《尼各马可伦理学》(Nicomachean Ethics)一书中说过："我们行正义之事就变得正义，行中庸之事就变得中庸，行勇敢之事就变得勇敢。"现在我们知道，这在神经生物学上来讲是正确的：改变自己的行为，就会重新给大脑连线。

有位男人受伤躺在了路上。平日讲究正统道德规则的过路人会出手相助，因为他们相信"己所欲则施于人"的行为准则，希望有一天自己遇到同样难处时会得到别人的救助。信奉结果最优化道德规范的人肯定会出手相助，因为这样做可以使受害者命运得到好转，另外通过体现出无私精神，也可能使他们自己的命运得到好转。亚里士多德也会出手相助，因为这样做是道德高尚的表现，可使他在实践中体现出仁爱或悲悯的情怀。

当然，品格的培养是一系列决定和行为长期积累的结果。因此在理论上品格可以指一套规则，也可以指基于结果的道德规范。但是德行伦理学并非强调对个人决定的后发最优化行为，而是强调有意识地积极培养合乎道德的品格。我的直觉是，有意识或偶然地积累经验与形成行为模板，实际上就相当于我们所说的"品格"内涵。同珍珠一样，我们内在本性的光彩与美，就是通过多层意义构建的方式，长期对不良思想行为的防御性遏制和克服。

追求赞扬的美德

对于领导者来说，这虽然有些辛苦，但是风险却小于其他选择。遵守道德规则的领导者会不断提高自己，在学习与解释规则方面做得更好。尽管这样可以在墨守法规方面变得老练一些，但是却无助于领导者看清楚何时应该修改规则，重新商议规则，或者合乎道德地违反规则。那些勤奋的后果主义者（consequetialists）会通过提高审视未来、预测后果能力的方式，去锤炼自己的道德观念。这种审视未来的做法会有所帮助，但因为是从过去展开推论，所以在新鲜事物面前可能显得束手无策。当好的决策变坏时，它也无法提供有益的对策。坚持遵守会导致失败的一项规则显得有些高尚（甚至有些天真）。但是即使一项决策在当时看上去很有力度，错误的号令只能使领导人显得愚蠢无能。历史是无情的判官，许多政治家漫步在历史的殿堂时，总想为那些在他们眼皮底下做出过的决策弥补过失，因为如今在他们看来那些决策简直是难以启齿。

磨砺领导者的品格不仅包括上述内容，还要通过积极作为超越上述内容。有德行的领导者不会无视规则或后果，但并不将道德规范仅仅局限于规则或后果上。他们不会等道德问题出现后才去着手解决；他们平时每天都在道德实践中忙碌着，这方面的事情变得司空见惯，可以形成条件反射，而不是作为未来 MBA 的研究案例。

戴维·布鲁克斯将此称为追求"赞扬美德"。他在自己的著作《品格之路》（*The Road to Character*）中认为，我们一直受到欺骗去追求"履历美德"。然而，如果没有优良品格的深刻支持，这些履历美德就会显得空洞。这可能是目前 MBA 课程刚一开课时，愿意让学员们为自己写赞词的原因，因为归根结底，我们非常渴望各种赞扬能关系到慷慨、仁慈与爱，而不仅仅同职业成功与物质财富有关。

面向未来

我的同事克里斯·尼古拉斯（Chris Nicholas）在谈到策略时采用了一个

比喻：起航驶向法国，或者发现西北航线。在第一种情况下，只要借助地图就能办到。那是一个普通航程，潮汐与风险情况大部分已在掌握之中。只要标出航线，便可到达那里。地图上那条神奇的参照线可以向你表明在任何时候你已偏离航线的程度，以及如何纠正航线驶向目的地。道德与此类似。千百年来，全世界根据各种智慧与法律传统制定的法律与规则，就是为了使我们对于各种困境与困惑有一个尽可能完整的理解框架。预测结果的实用主义传统可以使我们矫正被现实之风吹偏的航向，或者至少可以下次制定新的规则。但是西北航线呢？也许那里有毒龙；也许那条航线根本就不存在。你能够做到的就是找来最好的船只、最有经验的船员，尽可能安全地多携带一些工具与物资，以防不测。你还要潜藏在酒馆里听那些老海员们吹牛，也许会听到什么高招诀窍，收集一些褪色的地图碎片，也许在关键时候从中可以找到重要线索。重要的是准备充足，尽可能提高应对任何突发情况的能力。这同先见之明与领导力肌肉记忆的概念有些相似。仔细琢磨一下吧。

培养一种可以左右逢源的完美品格非常有难度，因为这首先需要努力培养各种各样的美德。其中不少美德也许常用，也许不常用，但是全都需要具有灵活应变的特点。关于这一点的重要性，还有一个非常引人注目的著名事例。20世纪60年代，心理学家斯坦利·米尔格拉姆（Stanley Milgram）想要了解在发生大屠杀的情况下，为什么许多人表现得那么恶劣。米尔格拉姆在实验中让一组志愿者将词对（word pairs）教给隔壁房间的演员们，后者认为前者都是演员志愿者。如果"学生"搞错了答案，"教师"就要实施电击处罚，每犯一个错误就要增加电压15伏。演员们都从录音中听到了高声叫喊和苦苦哀求的反应，并让他们随着电击电压的升高用力砸墙，表示抗议，然后再沉默下来。在有些场次的实验中，教师们事先得到提示：学生患有心脏病。尽管许多教师对于学生的抗议做出了反应，并对实验目的提出质疑，但是在听到主持实验者语气坚定地对他们说必须继续进行实验，不必为自己的行为负责后，大多数教师便继续做着实验。只有在教师继续对主持实验者提出质疑，或者在他们连续三次施加最高电击电压450伏后，实验才停下来。

在事先举行的一次民意调查中，米尔格拉姆做出的预测是：达到一定电击强度后，平均只有刚刚超过1%的教师继续做实验。事实上，米尔格拉姆发现，65%的教师最后继续做着450伏高压电击实验。尽管他们当中许多人明显感到这样做心里很不是滋味，而且他们每个人都在某个时刻对实验提出了质疑。对米尔格拉姆的实验所做的一种解释是：这些实验体现出我们究竟有多残酷。但是美国哲学家罗伯特·所罗门（Robert Solomon）认为，这些实验实际上表明将相互对立的美德分出主次的难度究竟有多大，尤其是在一种美德比另一种美德更加"灵活"时。他认为，这并非说明"教师们"缺乏品格，实际上这反映出各种品格特征之间的冲突。在米尔格拉姆的实验中，冲突就体现在服从权力与人类同情心之间。在平常的人类生活中，服从权力的机会多于给予同情的机会，从而使这种美德显得比较软弱无力。目前神经生物学有关大脑可塑性的看法支持如下这一观点：一种美德只有经常积极地付诸实践，才能够坚持下来。如果一种美德从未付诸实践，我们大脑中同美德有关的神经地图就会失效。因此现在可将培养道德品格视为同学习其他任何技能一样的过程。

顺便说一句，这在暗中也给人文学科投了一张赞成票。最近有一份报告披露了恐怖分子的典型教育背景，令人吃惊。英国文化协会希望了解较好的受教育程度是否可以减弱人们受恐怖主义吸引的倾向。结果正相反，他们发现恐怖分子往往受过高等教育，不少人都有科技、工程与数学教育背景。2007年，加姆贝塔（Gambetta）与赫尔托格（Hertog）在一次调查中发现，几乎有一半的圣战组织成员是大学毕业生，其中44%学过工程技术。

在更大的范围内，恐怖分子具有更加明显的技术学科教育背景。目前，伊拉克伊斯兰国在当地以及它所控制的黎凡特地区[1]禁止教授法律、政治学与哲学等课程，使上述技术学科教育背景进一步得到了加强。有关专家认为，非此即彼的思维定势，经过上述科学技术学科教学与考试方式强化后，便会产生一些道德问题。我们在对于大脑可塑性的不断发现过程中认识到，确有必要经常思索那些意义不甚明朗的问题，这样的重要训练可使我们保持清醒的道德意识。伦理学专家奈杰尔·比格（Nigel Biggar）认为，人文学科在形成符合道德要求的洞察力与明智选择方面可以发挥重要作用，因为人文学科不同于具有比较明显量化特点的学科，本身需要培养复杂的推理能力，培养对于定性问题提出令人信服的观点的能力。

因此，领导者需要培养自己的品格以及适于承担具体领导工作的肌肉记忆。这是因为磨砺自己的品格会使你未雨绸缪，在今后能够有效应对未曾预料的新情况，即使没有现成模板方案也没有关系。它可以减少你作为领导者所面临的风险。培养品格的难处在于几乎总要花费不少时间。是否有可以提高培养品格效率的好方法呢？一心专注于提高能力的优点在于，这本身就是一种磨炼品格的训练。培养针对特定活动的肌肉记忆，磨砺美德，都是为了逐渐形成稳定的行为模板。因此可以双管齐下。我所掌握的描述这一磨砺过程的最佳方式是：关注一位受益人或工匠，认真思考其技艺达到精湛熟练水准的整个过程。

---

[1] Levant，位于地中海东部。——译者注

第四章　学徒式管理的晋升之路

我们已经考察过领导者需要学习哪些内容，他们最有效的学习方式，同时我们也探讨过为什么品格具有重要意义。在我们将这些知识运用到本书第二部分当中之前，我想回顾一下历史，了解我们从学徒传统，尤其是从学徒作品的概念中能够学到什么。

首先，我采用的"领导者的磨砺锤炼"这种说法究竟源自何处？正当我灵活巧妙地运用肌肉记忆、关键环节、压力与模拟练习这些概念时，2009年我的妹妹同一位名叫史密斯的男士结婚了[1]。我妹妹在婚礼演讲中引用了作家G.K.切斯特顿的如下言辞：

大多数情况下，名称缺乏诗意，而事实却富有诗意。但就史密斯来说，这个姓名非常富有诗意，名叫史密斯的人要想名副其实，就必须艰苦努力，显示出英雄气概……大自然豪壮的沉静，人类充满激情的狡黠，地球上最坚硬的金属，大千世界最怪异的元素，只被唯一征服者降服的难以驾驭的硬铁，车轮与犁铧，利剑与汽锤，军队的阵势与武器的全部传奇——所有这些全都

---

[1] 英文中的史密斯smith也有"铁匠、锻造"之意。——译者注

三言两语，但却清晰可辨地写在史密斯先生的名片上。

领导者的磨砺锤炼——我认为，这就是我所做的工作。

我在苏格兰的圣安德鲁斯城镇长大，是万圣教堂唱诗班的成员。这座教堂由杨格夫人建造，用来向当地渔民们传教。在我小时候，当年修建教堂的一些石匠还活着。尤其圣母教堂，简直就是用大理石筑就的一首颂歌。有一天，郊区牧师送给我一个礼物。那是一个小型的大理石洗礼盆，使用的石材同建造教堂采用的大理石一样。我将大理石洗礼盆用过多年后终于认识到，这是一件学徒作品，也许用作销售广告，希望在建造教堂时就采用那样的大理石，或者希望能够聘用一位年轻石匠来建造那座教堂。多年后，我教授了一批来自文化部门的科洛领导人培训计划学员，其中有一位恰巧是牛津大学自然史博物馆地理收藏部负责人。"那是一个产自卡奇威思（Cadgwith）的洗礼盆！"她说，"我们的收藏品中也有一个。"那个脸盆是用一种含有镁与石棉的软大理石（蛇纹石）打造的。所以英国只有康沃尔郡出产这种大理石。按照行业传统，那些加工产自康沃尔郡蜥蜴半岛的大理石的石匠，都要根据卡奇威思当地教堂里的洗礼盆样式仿造一个小型洗礼盆。

这是个绝妙的比喻。如果你能以小尺寸把一样物品做得很漂亮，你就会使自己以及你的师傅们相信你有能力制作更大尺寸的物品，效率也高。你不会浪费材料。你利用精心制作的物品检验自己是否有能力将自己所学的有关材料和工具的知识全部融会贯通，再依靠车削加工，打磨抛光，将它们整合成一个物品。我们知道，在大学全面发展之前情况就是这样。在工作场所拜师学艺的传统由来已久。由于受到工业革命的影响，学徒制度发生了巨大变化。技术学院采用综合技术与规模经济方式，通过一对多的实际训练课程复制传授这种知识。后来它们全都升级为大学，其余一切均已成为历史。如今制茶也需要博士学位,在这个过程中我们失去了重要的传承。但是对于一个学徒来说,那意味着什么呢?

学徒期

1940年推出的迪士尼经典作品《幻想曲》（*Fantasia*）使我第一次知道什么是学徒。《幻想曲》改编自歌德1797年创作的诗歌《魔法师的学徒》（*The Sorcerer's Apprentice*）。故事刚一开始,老魔法师外出,把徒弟米老鼠留在了店里干一些乏味的粗活。米老鼠这位徒弟对用桶取水这种粗活感到厌倦,于是就对一把扫帚施了魔法,让它去取水。但米老鼠使用的魔法就连他自己也弄不懂。那把扫帚非常勤快肯干,地板很快就会被水淹没。因为不知道如何阻止扫帚取水,米老鼠情急之下想用一把斧头将扫帚砍烂。但是每一节扫帚又都变成了一把新扫帚,纷纷拿起水桶取水。结果,水越来越多。最后魔法师返回店里,破解了魔咒。

事实证明,这个故事非常生动地描写了学徒生活。在7年学徒期间,一开始学徒工都要干一些毫无意义的杂活苦差事,只有到了最后关键时期,大多数学徒工才能学到一些技术。在此,我要说的是,我并不会狡猾地利用上述学徒方式使你安心接受乏味的训练。但是对于那些想要掌握领导本领的人来说,学习本行"技艺与奥妙"的传统训练方式仍然有明显的可取之处。

从师学徒曾经是人们入行立身的主要方式。英格兰1562年制定的《工匠学徒法》将其规定为强迫性的从业途径。孩子一到14岁,家长就花钱为他们订立学徒契约,让他们在师傅家里跟随师父生活学习7年。师傅为徒弟们供吃供穿,传授技艺,直到他们能够在本行业里独立工作为止。家长交的学徒费用每个行业不尽相同。1747年,煮皂行业（soap-boiling）的学徒费用最昂贵，在100至200英镑之间；银行职员或布商的学徒费用为50英镑；律师和珠宝行业的学徒费用为20英镑，比寄宿学校的学费还便宜。

学徒制度是一项非常先进的社会工程，因为你只有让年轻人从师学徒后才能雇用他们。凡是不到21岁的无业年轻人，都可以按着当局的要求订立学徒契约，同孤儿和穷人家的孩子一起从师学徒。有些教区借机将区内穷人转移到其他教区去，因为按着学徒契约规定，学徒们吃饭、穿衣和住宿问题都由师傅负责解决。教区委员会因此可以省去有关开支。至少在学徒期满后，来自贫穷家庭的学徒工就具备了从事经济生产的能力。所以学徒法有效地保护了儿童，并得到各个行会的支持，为国家减轻了负担。徒弟的学徒期满后，有的师傅就采取一些不正当手段将徒弟赶走，以免付给他们应得的工钱。但是学徒制度依旧延续了数百年，没有多大变化，因为这样的收徒学艺做法普遍见效。

无论从绝对数字上，还是从人口比率上，都难以估量具体的学徒工规模。历史学家琼·莱恩（Joan Lane）与詹姆斯·艾尔斯（James Ayres）分别将17世纪90年代伦敦的学徒工总人数估量为1.1万人和3万人。当时伦敦人口大约为50万，因此上述估量出的两种学徒工总数均在伦敦人口中占有很大比率，也足以造成各种问题。学徒工通常都是一些血气方刚的年轻人。他们不顾学徒契约的有关规定，就像飞蛾扑火一样纷纷涌向各处酒吧和妓院。有时情况还比较严重，发生过几次学徒工骚乱事件。据历史学家莱恩记述，有一次学徒工骚乱发生在1517年五朔节那一天，1000名学徒工针对伦敦市里的外国商人采取了暴力抗议行动。他们释放了因袭击外国人被关押的犯人，并向居住着许多外国人的圣马丁勒格兰德街进发。多所房屋被洗劫一空。骚乱一直持续到凌晨3点钟，多人被捕。13名骚扰者被控犯有卖国罪，并执行死刑。

学徒工每天工作时间很长，没有多少休假时间。对于那些按天数或周数雇用的工匠和劳工来说,他们的工作日是由《工匠学徒法》规定的。而学徒工们却不可能获得较好的待遇。历史学家乔斯林·邓洛普(Jocelyn Dunlop)在1912年写道,从3月到9月,工作日每天从早晨5点开始,晚上8点结束。冬季工作日从"黎明持续到夜晚",总共只有两个半小时吃早饭、晚饭或喝水的时间。虽然学徒们也有星期日、节假日或赴宴的时间,但是由于他们同师傅生活在一起,又受到学徒契约的限制不得去戏院、酒馆,不得赌博、找女人,所以他们的休假时间不像人们想象的那样充满乐趣。

我们了解到的有关学徒工的情况大部分来自法院记录。这些资料向我们表明在师徒关系破裂时发生了什么情况。师徒关系破裂的原因通常是由于徒弟任性,或者受到了师傅怠慢、虐待。例如,1561年8月4日的金匠行会法庭记录讲述了这样一个案例:年轻学徒工爱德华·肖特博尔特(Edward Shotbolt)从师傅那里偷了一笔钱,用来"给他心爱的姑娘买衣装",包括一件漂亮的精纺连衣裙、带有飞边的厚围巾、饰有金线花边和银线花边的高档手袖。作为一种惩罚,他带着枷锁出庭受审时,这些衣物就摆放在他身边,现场面对着一群金匠而备受其辱,无地自容。

7年学徒期肯定使人觉得漫长。前几年一般都是干一些沏茶、扫地和跑腿之类的粗活。当徒弟向师傅表明自己值得信任后,才可以准备一些技术比较熟练的工匠做工所需的材料和工具。最后,徒弟终于受到本行业技能训练,并接触顾客和客户,但是一定要注意不能在出徒时挖走这些顾客和客户。这就好像你或我在刚刚开始工作时遇到的情况:我们都很想有机会露一手,渴望得到信任做一些合适的工作。

目前我们仍然不知道当年师傅们究竟教给了徒弟哪些手艺。虽然私人收藏的手稿表明手写的工艺手册和工作模式流程手册肯定存在,但是詹姆斯·艾尔斯认为,直到18世纪20年代,这些资料都是个人拥有的非正式资料。在这以前，有些行业就已经将一些本行业秘密公开了，因为1666年伦敦大火过后他们要协助城市重建工作。但是通过查阅会议记录簿和往来信件可知，行业秘密通常概不外传。艾尔斯援引了一位当地建筑商写给菲兹威廉伯爵（Earl Fitzwilliam）的一封信，信中包含许多有关建筑工程的细节。这位建筑商不得不提醒伯爵说："如果信的内容被公开，我就会因将大家的生意秘密暴露在光天化日之下而受到测量员和工友们的谴责。"

读着这些话语，可以使人感觉离我们非常遥远，但是许多行业如今仍然实行学徒培养模式。英国名厨杰米·奥利弗（Jamie Oliver）与顶级神厨戈登·拉姆齐（Gordon Ramsey）一开始都在餐饮服务业当学徒；英国著名服装设计师斯特拉·麦卡特尼（Stella McCartney）与亚历山大·麦昆（Alexander McQueen）最初在时装业当学徒；影视演员伊恩·麦克莱恩爵士（Sir Ian McKellen）曾经在剧院当学徒；英国珠宝界世界级大师劳伦斯·格拉芙（Laurence Graff）一开始在钻石行业当学徒。当代金匠、银匠与珠宝行业从业人员仍然要经过学徒培养，在完成自己的学徒作品后才能学满出徒。最近这种培养方式已经随着伦敦东区科勒肯威尔区段的一所新建筑——银匠中心的落成正式实现了正规化运作。受训学员与在职的金匠，以及对珠宝行业、银匠行业与相关行业感兴趣的人士云集一处，共同学习，共同实践。

实习作品

学徒契约中通常规定，徒弟算是师傅的家人，师傅向徒弟传授"手艺和诀窍"。直到专业手册在早期技术培训学员中开始流行前，很难找出任何正规的培训课程。这在很大程度上是因为需要保护行业秘密，保护作为廉价劳动力来源的学徒制度。流行于德国和法国的作品考查制度最后在英国也大受欢迎。这种制度要求学徒工向同业公会提交"式样作品",以表明自己具备加入行业工会的技能和资格。行业公会也可有效利用这个形式检验外国人的专业能力,然后再决定是否允许他们在当地经营生意。在法国,这个过程分为两个阶段。学徒期满时,学徒工要提交自己的结业作品,然后做 5 至 10 年的熟练雇用工,最后提交合格的晋职作品成为师傅。大约在 1619 年时的英格兰北部,木工行业要求学徒工提交出令人折服的作品供师傅们评审。这些作品也被称为"习作"或"masterpieces"。有意思的是,masterpieces 这个词的现代含义是指"职业杰作",而在当时却指可以证明学徒工能力资质的独立作品。

学徒工们当时都制作了哪些作品和产品呢?伦敦制针行业公会要求制作各种大小的针 500 根;卡莱制鞋行业工会要求制作双底鞋 4 双。框架针织公司有什么要求呢?他们要求织一双丝袜。莱恩和艾尔斯认为,总的来说这有点像勒索敲诈,目的是索要入会费、免费的物品和奢侈的装饰品。例如,1666 年凯厄斯·西伯(Caius Cibber)在加入行业公会前,为皮革制品销售公司的庭院雕刻了一座美人鱼石像。1712 年北安普敦郡的约翰·亨特 [John Hunt,著名雕刻家格林灵·吉本斯(Grinling Gibbons)的徒弟] 在加入行业公会前,为万圣教堂雕刻了一座国王查理二世雕像。

"令人折服"的作品是个不错的说法,听上去似乎整个过程都非常震撼人心。我认识的一位当代学徒很有勇气,退休后又干起了一个新行业。他对我透露了一些学徒内幕。在一个家具作坊当学徒的前几个月里,他只能接触一些手动工具以便了解木材特性和加工精度。他非常生动地讲起了用刨子刨木料那种单调而又平静的时刻,讲起了刨木料稍微刨过了头,必须从头再来时的绝望心情。他还讲到了不同木材的特性,以及在加工木材时如何学会辨识木材发出的不同声音,这样你就可以断定是否会将木料刨过头。我喜欢将这一思路运用在领导工作上。如果我们能够这样认真地学习如何同人打交道，学习如何倾听不同意见，及时了解在我们施加的压力稍微过大时他们给出的细小暗示，那又是一番怎样的情形呢？以这样的方式学习时需要极大的耐心。

　　这也是令人折服的结业作品，因为并不是每一个学徒都能够做到这种程度。同现在一样，那时除了涉及一些技能外，更多地涉及权力和人际关系。学徒们常常不得不学到一半时就充当熟练的雇用工，一直到行业公会准备将他们吸纳为师傅为止。有时这样做主要是为了控制供求关系，同追求质量标准关系不大。去做熟练的雇用工能够得到一定保障，因为他们可以领到工匠薪金。在欧洲大陆，这是职业晋级升迁的常见做法。熟练的雇用工人最早有按日雇用的特点，但是他们当中有些人确实成了四处游走的工匠。根据学徒契约上的有关培养规定，哪里有活干，哪里可以积累有用的经验，他们就到哪里去。他们按要求应该保持未婚状态，精力充沛，手脚利落，直到被行业公会吸纳为会员。如果没有这种会员身份，他们就不是公民。有了这种会员身份，他们就可以享受业内"自由"，可以做生意、拥有财产，受到保护。

　　许多传统行业已被取代，许多行业公会目前出资从事着由财富支持的传统慈善事业，但是还有一些行业公会仍在某种程度上保留着传统特色。裁缝商会继承本行传统，最近重新引入了类似于结业作品的考核评估机制。自1998年以来，裁缝学员与学徒在竞争本行业公会每年一度颁发的金剪刀奖时，要制作一套定制服装交由国内公认的顶级定制服装裁缝评审获奖资格。裁缝商会还为定制服装流程制定了学徒标准。其他行业公会则扩大了自己的经营范围。近年来由于皮货生意不景气，皮货行业公会经营着一些比较新的业务，包括管理顾问公会与人力资源职业人公会的业务。

如前所述，金匠公会是当今继承着显著历史传统的一家公会，实属罕见。他们仍然检验黄金质量，招收学徒，利用结业作品评估学徒的技术水平。他们的学徒培养模式已经运行了700多年。学徒历来在家长或监护人签署学徒契约后投奔师傅门下，至今仍然要举行这种具有约束性的仪式。学徒期满时，他们要用传统语言在金匠公会大厅里举行的出徒仪式上提交自己的结业作品。届时金匠公会的监察人员将出席这一仪式，全都身穿传统服装。目前他们拥有40名学徒，学习时间为3至5年。这些学徒跟随金匠公会的荣誉市民学习手艺，在师傅们的作坊里全日观摩学习。每样手艺（镶嵌钻石、制作银器、手工雕刻、抛光、组装、高档珠宝设计与分析评估）均有一套完整技能，必须在结业作品中得到体现。学徒要在结业作品上花费大约200个工时。金匠中心的海伦·多布森（Helen Dobson）解释说：

不久前结业并担任检验处技术员的一名学徒，通过脱产学习又学完了在金匠中心的额外培训课程。她不仅能够运用学到的手艺制作打上特有印记的作品，而且还能够制作整套扑克牌和银质牌盒。她亲手雕刻人头牌，采用激光技术雕刻数字牌，并将全套扑克牌放在带有特殊印记的牌盒里展现出来。这件作品堪称精品，出类拔萃，充分体现出她在学徒期间掌握的精湛技艺。

熟练工人

我至今还记得1999年在伦敦举行的一次莫奈作品展（作品按时间顺序排列）。一开始，他们展出的一些莫奈早期作品似乎主要是现实主义、立体主义的混杂模仿之作（直到他在后期的作品中找到了自己的风格）。那时他奔走在世界各地，什么都画。在此后不久的艺术生涯时期，也就是19世纪

80年代,他终于安定下来,以干草垛和吉维尼(Giverny)小镇景物为绘画内容,向人们表明他可以一天到晚、一年四季描绘同一个景物,而且每次画的效果各不相同。我认为,莫奈的这一艺术之旅对于磨砺锤炼领导力的学员也有启发。学徒通过模仿尝试各种风格。熟练的雇用工急于掌握一切技能,而大师傅则专注于以精湛的技术创造品牌效应。不知你现在正处于莫奈的哪一个发展阶段?

当年我在德勤会计师事务所供职时,每个人都想成为合伙人。如果你只干到主任的位置上,大家都明白你已经被分流到一个分支机构去了,不会再有晋升的机会。在专业文献中,做一个熟练的雇用工被视为走进了监狱般的职业死胡同。师傅们享有城市中的自由,所以他们可以开店经营。作为一个学徒工,你办不到,只能为师傅打工。但是在我们当代人看来,这并不很奇怪。我们大多数人都是雇员,不是个体经营者。企业家被视为处事严厉、与众不同的人。我不知道熟练的雇用工是否觉得自己是二等公民,但是我知道他们形象地体现出了当代磨砺锤炼领导能力的学员处境。做师傅是有压力的。你要关注盈亏报表。能否就餐,要看给不给开收据。熟练的雇用工是受雇人,要领薪金。他们可以自由搞实验,因为他们还处于学习阶段。干一天活领一天的薪金,不用顾及职业上那些错综复杂的事情,不用解释有何意义、有何目的,内心清净,不受干扰。

师傅

梅根·赖茨再次接手最初的未来领导者研究项目(为期5年)后,我们所有的研究成果全都经受住了检验,而且又获得了一个新的研究成果。这一新发现原本就出现在我们最初的研究当中,只是当时没有引起我们足够的注意。梅根·赖茨在进一步对学习过程进行探索时,发现了好的老板和差的老板所起的关键作用。老板是好是差并不重要,他们只需要在某一方面做到极致。拜倒在学习楷模的脚下,就需要无条件地向他们学习。最近我们也许过于热衷于为节省费用躲在一个屏幕前独自学习,或者乘火车去外地学习。当然,如果处理得好,这两种学习方式均可奏效。不过它们常常只是基本策略,并非有针对性的具体干预举措,所获评价不高不足以使人树立信心。

我从未真想向以前的那些老板们学习。那时我认为自己懂的比他们都多,但是我确实学有所获,因为所有的年轻人注定在师傅们的手下都不情愿显得高明。东方人从未像西方人那样将这一点遗忘。他们保留了"大师""师傅"和"先生"等词语,用来称呼那些通过精湛技艺赢得业内地位的长者前辈们。理查德·桑内特(Richard Sennet)在《匠人》(*The Crafsman*)这部著作中说道:

在一个作坊里,师傅凭借自己的技术有权发号施令。学习掌握这些技术可使学徒或熟练雇用工服从师傅的时候提高自己的身价……成功的作坊会将合理合法的权威建立在人们的心中,而不是建立在文件中规定的权利和责任上。

当然,这也是我为什么不受约束的原因,因为我不具备服从的美德。这与下棋或弹钢琴的感觉不同。在学习下棋或弹钢琴时,首先需要学习各种规则,打好基础,然后才能下棋、弹琴。也许因为领导者的实际所作所为有那么多的"门道和奥妙",基层员工很容易认为从第一天起谁都可以干。无论我们当时是否有意识那样做,我们往往从领导者所作所为当中学到的东西比他们发表的言论多得多。合理合法的权威是树立在人们心中的。如果我不尊重你的技术,你就必须打出部门管理这张牌来使我服从你。而我只在自己的工作职责范围内服从你。只有那些鼓励你自愿服从他们的领导者才能使你具备这两个特点。如今我们不像以前那样订立学徒契约了，所以我们服的是技术，不是师傅。

我们首先谈一谈不好的老板。你真的可以从他们那里学习什么吗？的确如此，因为他们可以在你那里唤起各种负面的情绪。我心里清楚，我曾经效力过的那些老板使我发誓永远不会像他们那样为人处世。他们还给我留下了如此严重的创伤，如今使我对同事的类似行为往往会做出比较强烈的反应。凡是能引起我同样反应的老板我都躲得远远的，即使提供的工作看上去很好。我劝你也这样做。如果你的老板使你生活得痛苦，索性离开吧。不值得为他效力。你太金贵，生命又太短暂。

相反，那些出色的老板呢？我觉得他们非常鼓舞人心，无论在哪里，我都愿意追随这样的老板。在职业生涯中，我追寻着这样的老板一直到今日。马丁·艾伦戈恩（Martin Elengorn）、安·奥布莱恩（Ann O'Brien）、菲尔·霍奇森和马克·佩格（Mark Pegg）都是这样的老板。他们当中有两位像我，有两位不像我。他们四个人都很有信心让我继续做研究工作，为我提供相应的支持。他们使我认识到，一个好老板甚至会使平淡乏味的工作变得充满乐趣。相反，一位可怕的老板甚至能破坏最鼓舞人心的工作，使你痛苦不堪。

我们从盖洛普12那样的研究中了解到，部门管理人员对于工作业绩的成败起着关键作用。在针对学习结果迁移的影响研究中我们知道，部门管理人员的行为决定着学习结果回报的成败。因此，我们应该更加正式地承认这一点，将部门管理人员所起的关键作用重新确定为学徒师傅。幸运的是，如今你不必在晚上把徒弟带回家去。但是在学徒期间所学的手艺很适合用来确定管理人员所起的日常作用范围——它不同于人力资源部门、学习与发展部门所起的作用，也不同于学习者个人所起的作用。

质量问题

在师傅与手艺这个问题上有一点使人感到不舒服，因为隐藏在这一想法背后的认识是师傅对于你自己的产品评价具有决定作用。如果你制作的产品不符合他们的标准，那就是次品。如果学徒制作的产品不符合行业公会标准，那也会是次品。创新与创造的空间何在？我写的论文曾经只得了42分，使我极为震惊。论文的题目是《信仰是否同理性针锋相对》。我认为，当时我非常有创意地着手通过逻辑与推理的方式去回答这个问题，而不是利用那些我觉得非常浮夸的推荐参考书来确立自己的观点。但是我得到的反馈意见是：我误解了撰写本科论文的目的。我就像一个优秀的学徒一样，应该遵守惯例去阅读原始文献，加倍努力解读分析，然后在最后一两句话里表明自己的观点。据悉，全面展开论述是在攻读博士学位的阶段。因此，我非常同情影片《舞国英雄》（Strictly Ballroom，1992）里的斯科特（Scott），他因为运用一些"未经授权的"舞蹈动作而受到了惩罚。当年由于我急不可待地要成为演奏家，在没有首先掌握音阶和练习曲的情况下（因为很枯燥）就匆匆快速演奏乐曲，着实让音乐教师们为我捏了一把汗。在没有学会走之前就急着跑，那不会掌握全面的技能。经过严格考验的学徒培养方式持续了数百年之久，充分体现出其自身的价值。这种培养方式之所以奏效，是因为训练严格，至少要求格拉德威尔估计的1万小时训练时间才能达到技艺精湛的程度。

虽然我所采用的磨砺锤炼领导者的训练方式没有这么缓慢，其中也包含一些固定实践。重要的是，这种培养方式并没有告诉你一个好的关键环节看上去是什么样。从神经生物学上看，这一点并不重要。实际上，如果你将一个关键环节搞得一塌糊涂，那会学得更加扎实。相对容易是个重要因素。你的大脑发现哪些内容具有挑战性，这取决于你自己的压力阈值（stress thresholds）。

甚至最小的训练步骤如果能让你感到巨大进步的话，也会使你产生肌肉记忆。但是，渐渐地，你就会需要制定自己的内部标准。你的父母很可能对你说过，如果一件事情值得去做，就值得把它做好。担任领导工作的一个不利因素是，你的资历越深，就越难以估量你实际上做得究竟怎么样。因此，培养自己辨别优劣的意识将成为使你保持头脑清醒的少数方法之一。

学徒结业作品（就像我得到的那个小型石雕洗礼盆一样）非常引人注目的特点就是其质量。仔细看看细小的接合之处，还有精致的做工，确实是一件完美作品。能否将小物件做得完美，这对于专业手艺是个严格考验。我至今还记得曾经花费很长时间放大PPT幻灯片，为的是核实在我们制作的图形上各条线段全都相连在一起。当时的感觉就是在为喜爱的事情付出艰苦劳动，直到我看到幻灯片放映在大屏幕上，并意识到可以清楚地看到每个连接处的细节。

这有点像"奢侈品"这个词。如果一个产品上带有"优质"标记，我们往往认为正好相反。优质已经变成了许多操作流程，使人难以想起它的实际含义。在我看来这是一种特点，不是一种活动。如果你在生活的某个方面达到很高的质量，但是在其他方面却很不讲究，听之任之，这就不是一个持久的特点。另外，共同努力打造优质产品，是一支敬业的员工队伍永久的标志之一。外在标准经常变化，需要依靠监视来维系。制定严格的内部标准，更有可能使你在没有人监视的时候行动自觉，诚信敬业。养成这一优点的途径是多付出一点努力。例如，在起草一份重要的电子邮件后先搁置一夜，这样你就可以仔细检查一下，然后再发送出去；在校对报告时多用一些时间，确保其中没有任何错误；会前把时间安排好，这样你就可以适当地阅读有关报告原文，会后将自己所做的笔记写在工作日程登记簿里。

我小时候最爱读的书包括卡罗·比奇·约克（Carol Beach York）写的《全知小姐》（*Miss Know It All*）。在这本书所讲的故事中，有一位绝顶聪明的女士前来参观一家孤儿院，向那里的女孩们展现她非凡的魅力。但是有一位女孩向她提了一个问题，使她窘态毕露："世界上最大的 room[1] 是什么？"她必须用两周的时间来研究这个问题，结果却一无所获。紧接着有一位女孩又让经常到孤儿院来的主管"孤陋寡闻先生"为大家回答这个问题。"答案是有待改进的 room。"他高声叫道。作为一个领导者，很值得拥有坚持不懈追求高质量的好名声。

---

[1] room 一词兼有"房间"和"余地"两个含义。——译者注

第二部分
实践：高效管理的 52 个关键

第五章　扑克牌：高效管理的 52 个关键

本书第一部分为学徒式领导者培养方式奠定了基础。我们阐述了这种方式背后的研究成果以及通常可以检验领导者的各种关键环节，阐述了为何品格非常重要的原因。我们还探讨了学徒作品这种评估形式，知道可以模仿这种形式来确定用于检验、证明与培养领导技能的各种领导行为。本书第二部分从理论阐述转向实践训练。

这一部分内容阐述领导者需要能够轻松优雅掌握的一些基本技能。这些核心实践相当于学徒首先学习了解各种工具和材料的特点作用，然后再将所学内容与掌握的技艺与奥秘结合在一起，制作出可供公众消费的手工艺品。我们可以运用各种比喻说法，例如工具箱、医生手提袋、橱柜与字母表。我们需要熟悉全部资源，并且有能力为手头的工作选择合适的工具。

我最喜欢的比喻方式为一副扑克牌。因此我要运用这一比喻方式安排本书这一部分内容的框架结构。这在一定程度上是因为一副扑克牌共有 52 张牌，对应于一年中的 52 周。因此你可以利用这一特点来有效安排学习发展过程。同样，你可以"挑选出一张牌"为任何一周确定学习发展重点目标，学习一套新技能，使学习肌肉保持灵活状态。这些练习在长度和强度上均有不同，便于混合匹配。我年轻时经常打牌。有的游戏需要一副牌，有的游戏需要两副牌。但是手里拥有一整副牌一直很有用，因为到时候获胜的关键就是两张黑桃牌。

整套学徒结业作品练习分为四组，每张牌又分成两个部分：简要概述核心内容以及完成练习的相应方法。全套练习列表收录在附录3中，复现于表2中以方便查找。在附录1中这些练习还与关键环节排列在一起，便于你看清楚哪些练习最有助于你做好全部17个关键环节的前期训练准备。这些都是你取胜的有用资源。

你可能听说过这句格言："能抓到什么牌这由不得你，但是你可以选择如何打牌。"有时这句话用于解释命运与自由意志之间的差别，有时用作励志口号，有时这句格言只是用来提醒我们：尽管我们已经做好了准备，生活总会不断引发新的挑战。

在我看来，有些牌往往能使你在任何游戏中拿分。有些牌虽然看上去不那么有用，但却正是你为避免输掉游戏所需要的那些牌。在如何认识、运用许多这类牌上，你应该形成自己的策略、习惯与看法，掌握相应的技巧。如果想要接受全面训练，这些就是我推荐的实践，有助于你优雅娴熟地担任领导工作。为方便起见，我将这些实践分为四组：

• **方片牌**（Diamonds）重点关注提升实力。这些练习帮助你磨砺自己，努力成为胜任所有领导岗位的全能型人才。

• **梅花牌**（Clubs）聚焦你的实际影响。其中有些牌关注你的内在健康，有些牌关注你对身边人产生的影响。

• **黑桃牌**（Spades）在很大程度上都是一些通过别人来完成工作的工具和技巧。

• **红桃牌**（Hearts）主要目标就是使别人不感到拘束，在各种社交场合游刃有余。

做一个令人愉快的工作伙伴，这往往是你促使别人心甘情愿努力工作，屡创佳绩的最大魅力。在阅读过程中，你要运用附录3中的列表来评估自己对于表中列出的每一方面的信心有多大，安排好自己下一次可能亲自实践体验的时间。每一部分均包括一个可供你使用的参照表。你也许想首先完成表中的实践，重点关注你觉得自己能力较差的方面；你也可能首先将重点放在调整自己的各种优势上；你也许会首先通读一遍全部内容，然后再决定在哪些方面多做努力。

表2　不同牌的含义

方片牌		黑桃牌	
A♦	认识你的优点	A♠	艰难谈话
K♦	积极努力	K♠	处理数字
Q♦	应对不确定性	Q♠	创造力
J♦	及时放手	J♠	解决冲突
10♦	即兴发挥	10♠	保持竞争力
9♦	注意力	9♠	授权
8♦	掌控情绪	8♠	沟通
7♦	沉着镇定	7♠	演讲
6♦	给予他人希望	6♠	会议技巧
5♦	主动性	5♠	扩展人脉
4♦	习惯	4♠	得体应酬
3♦	人员缺失法	3♠	神秘客户研究
2♦	选择学习榜样	2♠	MECE
梅花牌		红桃牌	
A♣	平衡工作与生活	A♥	礼节
K♣	睡眠质量	K♥	信任

续表

梅花牌	红桃牌
Q♣ 精力	Q♥ 倾听
J♣ 打造个人品牌	J♥ 提出问题
10♣ 敢于变化	10♥ 目光接触
9♣ 解读文化	9♥ 讲故事
8♣ 掌控权力	8♥ 处理关系
7♣ 控制权	7♥ 精心安排的谈话
6♣ 庄严的举止	6♥ 指导
5♣ 姿态	5♥ 团队建设
4♣ 着装	4♥ 反馈
3♣ 服装色彩	3♥ 表示感谢
2♣ 社交媒体	2♥ 品格

第六章 13×方片牌：提升个人实力，成为全能型管理高手

利器善事

第一套训练实践是方片牌，因为这组实践重点关注提升实力。你也许听过下面这个故事：有一个人在森林里遇到了一位忙着伐木的樵夫。由于锯刃不锋利，樵夫累得筋疲力尽，也很绝望。那位旁观者建议樵夫停下来把锯磨得锋利一些，可是樵夫却说没时间停下来。斯蒂芬·科维在他写的那本名著《高效能人士的七个习惯》中，将"利器善事"（sharpening the saw）这一管理工具理念列为高效能人士的第七个习惯。对于领导者而言，你就是那把锯。你是否锋利，取决于你有多熟悉自己作为人才的优势，取决于你如何有效地在各种领导岗位中发挥自己的作用。如果你在游戏中技能单一，那么你对任何人都没有优势。你会注意到，这些实践中有许多都涉及情商、专注力以及幸福感等同源领域，涉及如何学会将那些使你走到今天的历史、切身体验、个性、品格与明确目的等因素实现最优化融会组合，产生非凡的实际效果。在通读每一部分内容时，分别利用表3的RAG[1]（红色或黄色或绿色的报告）进行自我评估。

---

[1] R（红色）表示不及格，A（黄色）表示及格，G（绿色）表示自己绰绰有余。——译者注

表3　方片牌

方片牌		RAG	下次练习的机会
A♦	认识你的优点		
K♦	积极努力		
Q♦	应对不确定性		
J♦	及时放手		
10♦	即兴发挥		
9♦	注意力		
8♦	掌控情绪		
7♦	沉着镇定		
6♦	给予他人希望		
5♦	主动性		
4♦	习惯		
3♦	人员缺失法		
2♦	选择学习榜样		

方片♦ A——认识你的优点

基本理念

如果你反思到目前为止你在职业上的最精彩成绩，我敢说这些成绩的取得更多是因为你灵活地发挥了自身优点，而不是因为你克服了自身弱点。假如你花费很多时间来克服自身弱点，你就会逐渐被淘汰出局。你应该集中调动自身优点，很好地加以磨炼，因为它们不仅是你个人品牌的基石，也是你出奇制胜的秘诀。

实践

首先列出你自己的各种优点。在 360 或心理测量报告中，在评估报告或绩效报告中，在面试反馈或介绍信中，在个人简历中，在你写的求职信或晋职申请书中都会看到这些优点。尽可能按着能力大小顺序将你的优点依次排列起来。这样排列的理由是什么呢？

- 哪些优点容易变得过分，就像自信容易被视为傲慢？
- 是否有一些让你过分强调的常见激励因素？
- 你是否常常被某种类型的人误解，或者在特定情况下常常遭到误解？
- 下一次再遇到那样的情况时，你是否能试一试你的"音量按钮"？

试着一次将"音量"调低一个刻度，注意周围的人在话语或是体态语言中有何反应。你不擅长的是什么？你用什么方法在自己不擅长的方面得到帮助？当你无法将自己不擅长的工作任务分配出去时，你会在哪里汲取力量承担这些任务？你会如何提高自己在这方面的应对能力？

如果你过于谦逊，看不到自己的任何优点，不妨尝试下面这个方法。首先找出曾经使你发挥出最大潜力的工作关系（包括现在和过去的）。然后给每个同事发送电子邮件，询问他们是否可以回顾总结你的三个优点，并简述他们亲眼看到你充分发挥三个优点时的情况。保留并经常重读这些电子邮件，因为在评估员工时，你的老板也许对这些电子邮件会感兴趣。如果你想要将这个过程变得更加正式一些，可以请求同事们将有关反馈情况作为推荐评语留在你的领英（LinkedIn）个人简历上。

方片 ◆ K——积极努力

基本理念

如果没有真本事，就不要装作很有本事，因为那样做无济于事。如果人们不确定你是否任何一天都处于良好状态，他们就不会非常信任你。明灭无常的灯塔会使人丧命。因此，善于管理自己，使自己处于稳定的良好状态，这才是获得成功的关键。

由于丹尼尔·戈尔曼的卓越努力，"情商"这个术语才得到了广泛应用。《哈佛商业评论》称其为"突破现有范式的革命性理念"。美国心理学会因此为戈尔曼颁发了终生成就奖。本书大部分内容均可以运用戈尔曼的术语重新改写，因为他有力论证了良好的情商在高效率领导工作中所具有的关键作用。我喜欢他提出的著名情商关系网格示意图上标示的简洁词语，但是在这里我想讲一讲各个词语之间的连线关系。这是因为我认为它们不是简单的连线，而常常更像是巨大的砖墙，只有付出巨大努力才能攀登上去。

下面就是戈尔曼提出的情商模式，以网格形式表示，为合益集团[1]所采用：

	理解	
自我	自我意识	社会意识	他人
	自我管理	关系管理	
	行动	

图3 情商网格示意图

---

[1] Hay Group，一家全球性的管理咨询公司。——译者注

如今合益集团已将这一模式变成了心理测量工具，可以对你进行短期心理测量。但是我向你提出了一个不同的挑战，要求你密切关注需要付出多大努力后，才能够在四个方框之间轻松地过渡自如。你能否灵活地在这些砖墙上来回攀爬，在四个方格之间自如穿梭？此处熟练掌握是表现稳定的关键。例如，我也许非常清楚自己正在为某件事生气。我怎样做才能不生气，镇静下来，继续前进？或者假设我知道同事们正感到郁郁不乐，我怎样做才能既同他们一起发发牢骚，舒缓一下郁闷之气，又可以振作精神，开心起来？你是否能够给这些网格连线按着红色、黄色和绿色等级来打分，更清楚地认识到自己发展的主要挑战在哪些方面？这些挑战会因具体情况和涉及的人而有所不同，但是否有一些挑战对你来说就是敏感问题呢？你是否可以确定一两个挑战，然后做一番努力，尽量减少它们对于你的工作表现所产生的负面影响呢？

实践

下面介绍大师们推荐的一个快速奏效技巧，可以在你不想努力上进的时候加以运用。哥伦比亚大学的神经科学家凯文·奥克斯纳（Kevin Ochsner）和斯坦福大学的詹姆斯·格罗斯（James Gross）的研究表明，教人们调整感受刺激的角度，可以改变他们的体验方式，以及他们对刺激做出反应的方式。你可以训练控制情绪，首先注意那些可以引起情绪反应的刺激因素，然后从认知上改变它们的意义。用术语来说，这就是强制性地从皮层与皮层下可以引起情绪反应的系统反转奔向前额与扣带控制系统。玛丽亚·科尼科娃（Maria Konnikova）是这样解释的：

1. 从活动用力的角度重新看待有关情景。如果你不能悬起来，那就站起来；如果你无法走开，可以建议同那位让你生气的人一起散步。要求舒适地休息一下,以便有时间调整方案。尽可能从空间和时间上保持距离("赶回家去,把问题留在第二天解决"),否则就从心理上保持距离。超越自己,在自己的头上盘旋,通过相机镜头来观察展开的行动。想象一个旁观者会如何描述这番情景。问问自己事后对此会有何看法。

2. 对已经发生的事情重新评估、解释和定位。迫使自己寻找优点,因为这将会剥夺大脑杏仁核的指挥权,将其归还到大脑的理性区域。这会使你镇静下来,在做出最佳反应之前有更大的选择余地。

每当你注意到强烈的情绪正在支配着员工们时,便可以使用上述技能,将其运用在你的周围。通过拉开距离来帮助他们,然后为他们重新定位当前的形势:如果波利安娜[1]在指点你,她会在这种情况下看到什么样的一线希望呢?另外也有一些招数用在学步的孩童身上很灵验,不妨试一试。他们认为,好发脾气的原因是,儿童在可怕的两岁阶段时大脑发育不对称。这就导致大脑中充斥着不良情绪,很容易使学步的孩童在人行道上磕磕绊绊,行走不稳。我认识的一位明智家长经常直接问他的儿子:"狐狸是什么颜色的?"同样,我儿子爱发脾气的时候,我就对他们说:"不要笑!"在这两种情况下,大脑因受到哄骗会做出不同的反应。看到红色可使大脑重新启动理智的区域,而有意憋住不笑最后却很滑稽搞笑。因此,你可以一直向过于劳累的同事提出一些类似于乘法表那样枯燥无味的问题,说不定能对他们有莫大的帮助。如果没有信心,那就不要去开玩笑了。

---

[1] Pollyanna,美国儿童小说《波利安娜》中的女主角,极度乐观、盲目乐观的象征。——译者注

方片 ◆ Q——应对不确定性

基本理念

我们在研究中确定的关键环节之一涉及处理模棱两可的情况，以及把控自己对于不确定性形势做出的反应。但是如何提高这方面的应对能力呢？我见到过的有关最清晰的分析框架，出自于英国赫特福德（Hertfordshire）商学院管理学专家拉尔夫·斯泰西（Ralph Stacey）教授的研究成果。他是复杂性研究领域里的开拓者，喜欢比对一致性与确定性这两个核心要素。当事情接近一致性和确定性时，几乎不会出现模棱两可的情况。而当事情远离一致性或确定性时，它们就会变得更加扑朔迷离。我认为，这其中就包含着挑战。领导者就是要尽可能地明确问题与形势，并取得一致性的意见，以便在可以获得最大价值的方面付出努力。

下面看一个实例。我最初同法律顾问在公共咨询上开展合作时，他就采用了如下这样的工作方法。鉴于各方产生分歧的问题很多，他首先找出所有那些具有确定性的因素（成本等因素），而且可以达成有效协议的问题。这些问题都在会外得到了解决。这样就可以将调查的时间用于解决难以达成明确协议的问题上。这就是你要做的工作：先找出那些分散注意力，但却能够达成共识的明确问题，然后再花时间处理那些难以解决的问题。

如果你想引经据典的话，在领导力文献中，美国是罗纳德·海菲兹（Ronald Heifetz）所说的"适应型领导力"；英国是吉斯·格林特（Keith Grint）所说的"棘手问题"。在谈论你是否具备正确判断的能力时，有以下两种不同说法：你面对的是一个谜，还是一个问题？如果是个谜底，就像文字或者数字填充谜一样，那是有解的。如果是一个问题，也许就没有解。不要浪费时间将一个谜变得过于复杂，解开它就行了。不要想象问题只需多跑腿就可以解决。你也许听过雷茵霍尔德·尼布尔[1]所做的下述平静祈祷文片段："上帝，请赐予我平静，去接受我无法改变的；赐予我勇气，去改变我能改变的；赐予我智慧，分辨这两者的区别。"

实践

下次遇到挑战时，只需提出这两个问题：确定无疑的是什么？意见一致的又是什么？如果你不断从这两个角度付出努力，就会从未知梳理出已知，把精力用在真正重要的事情上：探寻新的确定因素以及达成共识的交际手段。提一条警告：人们喜欢确定因素，因此会对你施加压力，要求你揭示出确定因素。应该注意，他们的本意也许是好的，但是如果你不顾一切地寻找解决方案的行为被证明是错误的话，他们就不会原谅你。

方片◆J——及时放手

基本理念

有助于你驾驭不确定因素的补充性实践就是你及时放手的能力。如果你在某一方面具备大多数管理人员的典型特点，便不易及时放手。这是因为你可能通过采取控制手段解决问题，从而取得了目前的职业成功。你将会因为这些职业习惯的缘故继续有所收获，致使这些习惯变成职业本能。如果你未能以这种方式来应对出现的任何新挑战，你会觉得自己软弱无能。鉴于不少领导者觉得自己像骗子，在新的领导者努力取得他人的信任过程中，我通常看到的是他们的控制行为急剧增加。他们常常寻找那些熟悉的因素，或者可

---

[1] Reinhold Niebuhr，1892–1971，20世纪美国最著名的神学家、思想家。——译者注

以把控的因素，以使自己觉得很有能力，无论他们这样做是否正确。而你必须小心谨慎地改掉这些坏习惯，这样才不至于严重动摇自己的信心。

实践

一开始从小处着手。下次把你拿到手的飞机乘客防护眼罩带回家去。在家里其他人都已出去的时候，自己带上防护眼罩，尝试着在熟悉的房间之间转一转。你甚至还可以尝试在戴着眼罩的情况下刷牙、穿衣。如果你觉得自己很勇敢，可以戴着眼罩让别人为你领路（也许这是团队活动的部分内容）。或者只是非常客气地让别人选择确定晚餐、假期事宜以及要看的电影，这样你就有机会体会到放手的感觉。在工作中，你可以不再什么都管，让别人审批签字。让别人替你去开会，或者轮流主持会议，这样你可以分配更多的工作任务。你也可以有意识地在另一个领域里甘当学生，发扬躬行谦卑的美德。也许可以通过志愿活动或学习一项新技能做到这一点。作为一位成年人去学习滑雪，这是我在放手方面所学的最使人清醒的课程。初次履行为人父母的责任，也是使人很快确信自己完全缺乏相应能力的有效方法。因此有必要的话，应该主动提出帮助别人照看新生婴儿。

方片 ◆ 10——即兴发挥

基本理念

曾经有个剧团的演员专程来到阿什里奇商学院教我如何朗读莎士比亚的十四行诗。我以为那是为了帮助我练习公开演讲的技巧，但是给我的感觉却像是情景喜剧《黑爵士》里摄政王遭受类似不幸的情景一样。当然确实有一些领导者需要熟练掌握运用自动提词机来朗读的技巧，但是我们大多数人都不是演说撰稿人，直到站起来要讲话时都不知道要说些什么；或者在我们连准备发言的时间都没有的情况下就有人要求我们发言，于是我们不得不硬着头皮仓促上阵。直到我同来自喜剧店（Comedy Store）的尼尔·马拉基（Neil Mullarkey）开展合作，我才发现自己在寻找什么：即兴发挥的技能。对于领导者而言，表演与喜剧方面的即兴发挥技能训练也是最重要的专业实践。即兴发挥的训练结果能使你变得足智多谋，左右逢源。你可以坦然面对任何古怪的情节，只要你遵循一定基本规则，你的大脑就会听你调遣，为你呈现既符合实际，又妙趣横生的内容。领导者的工作并不是让大家捧腹大笑，但是就调动听众这一点而言，实质却是一样的。这也是我发现的最接近"流体智力"（fluid intelligence）的实践。

1971年，在神经生物学成为显学以前，雷蒙德·卡特尔（Raymond Cattel）就已经区分出两种不同的人类智力：晶体智力（crystilized intelligence）和流体智力。晶体智力相当于你在头脑中撑起的已经掌握的信息格架，用来存储知识的硬盘。流体智力就是你搜索利用这些信息和知识的能力（类似于网上搜索能力），以及从中获得真知灼见、判断新情况新形势的能力。随着新的解决方案存储归档、以备后用，你的流体智力就会对你的晶体智力起着重要推动作用，其作用方式就像军事上的标准操作程序概念一样。随着这些标准操作程序熟记于心，它们就会转变为本能动作，你可以在40秒内拆卸一挺机关枪，与此同时你还可以与你的同事谈论古希腊数学家欧几里得（Euclid）提出的第三公设（Third Postulate）。我们接受的大部分早期教育，给人的感觉有些类似于背记乘法表和词形变化表。但是向领导者讲授更多的事实以增加他们的信息储备，这样做既不聪明，效率也不高。而训练他们如何提高独立上网搜索信息的能力却能使他们将来游刃有余。即兴发挥训练可以展示出他们自身的能力。创造力以及其他思维工具也有帮助，但是即兴发挥是有效提高随机应变能力的基础训练项目。

实践

你可以同一位愿意合作的伙伴一起开展正式的即兴发挥培训，也可以将下述规则运用在下次的工作谈话当中。蒂娜·菲（Tina Fey）在其所写的《飞扬跋扈者》（*Bossyboots*）一书中总结出了下述规则，非常实用：

1. 表示同意。永远说"是的"。这个规则提醒你应该尊重合作伙伴已经说出的话语，从没有偏见的内容上说起。

2. 说"是的，而且"……然后表示同意，补充一些自己的看法。你有责任丰富谈话内容，你讲出的话语是有价值的。

3. 发表意见。不要只提问题，因为只提问题会给你的伙伴施加压力，使他们一直忙于解答所有的问题。

4. 在即兴发挥中没有任何错误，只有机会与开心的故事。你能否对于始料未及与没有希望的事情做出有效反应，这关系到事情的成败。

多年来在许多领导者那里运用过即兴发挥培训法，实践证明这些规则当中确实蕴藏着大智慧。对于那些一贯得益于批评别人，得益于发现问题的管理人员来说，前两个规则的确是不小的挑战。"顺情说'是的'"无疑是管理上的经典策略，这也可能是为什么相比之下在多次实际调查中，员工们抱怨说上级管理人员不听取员工意见，员工感觉不受重视的原因。如果多年来针对每一条建议管理人员都说"是的，不过……"结果只能使下属员工闭口不言。"是的，而且……"这样的回应方式具有沟通与建设效果，可以立即产生正能量与希望。即使你不需要刻意立即唤起同事们的希望（即便他们生活在梦幻般的世界中），那也会产生影响："是的，而且你可以就此起草一份提交给董事会的报告……"

对于那些想要产生影响的领导者而言，"发表意见"的规则值得引起他们的关注。蒂娜·菲特意将"发表意见"这一规则推荐给那些利用提问来软化语气，放弃权威，刻意避免给人留下咄咄逼人印象的女性领导者。在培训指导过程中，好问题永远占有一席之地。但是在正常谈话中，提建议与提问题都能够分担负担，有助于促进合作伙伴关系。

"没有错误"这最后一个规则也很有帮助。从橡皮泥、便利贴到盘尼西林、伟哥，商业工作中随处可见一开始是"错误"，最后却反败为胜的事例。就在不久前，一位博士生偶然发现了使电池永久有电的方法。因此假如有位同事下一次说出了离谱的话，如果你的反应及时得当，那很有可能成为你们最好的产品创意。

如果你担心在即兴表演时可能会忘词，不妨采纳细木工的建议，听一听木材发出的声音。如果你相信别人的眼睛，它们会告诉你接下来应该说什么。在今后的哪一次你可以一试身手？

方片♦9——注意力

基本理念

1943年，有一位名为西蒙·韦尔（Simon Weil）的杰出哲学家在声援自由法国运动的过程中把自己活活饿死了。她著述颇多，但是在注意力这个研究题目上她也许最有成就。鉴于当今无处不在的专注力，她的学术论著也就显得特别有实用价值，因为专注力基本上就是注意力。我们从认知心理学上了解到，注意力关系到认知负荷（cognitive load）。我们知道，我们这一代人在这方面特别脆弱，因为身边的信息量一直在不断增加。马丁·希尔伯特（Martin Hilbert）2011年在其博士研究项目中指出，我们每天吸收的信息量相当于1968年的5倍,相当于每人阅读178份报纸。经常出现的干扰因素和中断停顿情况还会增加认知负荷,从而削弱我们出色执行任务的能力。这也会使我们更有可能陷入成见与其他不良的思维习惯当中,因为我们开始利用启发式方法与捷径来减轻认知负荷。负荷过重会对身体产生影响。平衡状态会受到沉重认知负荷的不良干扰,瞳孔放大也与这种情况有关系。因此缺乏注意力会使你视线模糊、走路摇摆、抱有偏见、容易出现差错。

关于注意力,韦尔说过这样的话:"在任何一个时期,创造力天才的多少同投入的极大注意力的多少成正比……永远消除一个念头的能力是通向永恒的大门。永恒即在一瞬间。"换句话说,只有内心清净,才能为新的真知灼见腾出空间。韦尔在一篇论述教育问题的文章中认为,培养良好的集中注意力的技能应该成为所有学校教育的主要目标,因为无论我们的注意力能否在解答数学题中取胜,学会集中注意力的技能可使我们在所有学习科目以及生活当中受益匪浅。这种哲学观点如今在认知心理学上得到了充分验证,对于领导者来说是一种及时的提醒。不断地干扰与争夺我们的时间是必然会出现的现象。如果无法充分集中注意力,就会分散精力,对任何人都没有益处。

实践

专注力专家在训练你集中注意力的过程中,会让你仔细凝视一个物体,或者让你闭上双眼,运用冥想方法让内心宁静下来。阿什里奇商学院的梅根·赖茨等同事均为这个领域里的专家。对于那些在岗工作的领导者,我建议下次遇到干扰情况并需要集中注意力时,可以采用以下简略的应对方法:目光接触,倾听意见,展现关爱。

在1999年上映的影片《黑客帝国》中有这样一个镜头:飞向尼奥的子弹逐渐减速了。他们在影片中运用的视觉效果被称为"子弹时间",它可以使观众围观慢镜头中呈现正在发生的事情，从不同角度加以审视。我认为这正是领导者需要做到的事情。在我看来，目光接触是第一步，接着你的心思应该紧紧跟上。你需要聚精会神地看什么呢？看人，看屏幕，或者看场景？应该调动体能加以关注，然后从心理上盯住它，不走神。

接下来，用心关注它，竭尽全力展开倾听，密切注意语气声调、音质、体态语言、停顿、清嗓子的声音，密切注意词语的选择以及没有说出的内容。注意你自己走神的时候，通过目光接触或者改变下一次对方说话时你要关注的内容，重新集中注意力。用于倾听训练的红桃皇后牌在这方面对你会有帮助。

最后是关爱。在领导者圈内，关爱不是一个时髦词，却未得到充分运用。关爱提醒你放弃自我，这样你就可以在这一刻真正对别人有所帮助。放弃你的有效反应需要，或者推动事情向前发展的需要。停留在风暴眼中。关注着那个人或者是那个情况，让时间渐渐地消失。爱因斯坦的时间是相对的。所以你也要让时间在你身边拉长一些。要将那个人或那个情况像蝴蝶一样抓在手里；让它安定下来，防止自己打扰它。

我有一位同事经常谈到用"温柔的目光"审视数据。这就是你需要的效果。军方有一个训练项目叫作"偏向视觉"（averted vision）——扭头看别处，让你的周边视觉跟进来。要完全以这样的方式集中注意力，既看到树木又看到森林，让别人也能看到你这样做。露出笑容，提醒你自己和跟你在一起的那个人：是你自己有意留在那里。

方片 ◆ 8——掌控情绪

基本理念

情绪同天气有关：关系到你在工作中建立的周围"气候环境"。领导者无法避免以这种方式影响企业文化，所以你最好还是准确把握。领导者经常将自己的情绪想象成秘密，或者认为他们自己非常成熟沉稳，不会受到不良情绪的影响。这使每个人都串通起来假装认为你没有情绪，从而使一切变得更加不妙。你可以将自己的情绪梳理一遍，让大家都知道你是有情绪的。你甚至最好熟悉自己的各种情绪，做到驾驭它们，而不被它们所左右。

实践

你在读到这些内容时有何感觉？同半小时前相比，感觉更好，还是感觉要差一些？先在一页纸上划出一条横线。假设这条线是"中性的"。想一想今天早晨起来醒来的第一刻。你的情绪是位于这条线之上，还是位于这条线之下？从左边开始，尝试着将你今天到此为止的情绪画在横线的上面和下面，从你起床算起，陆续包括走出家门、上班路上、开始工作等时间段的情绪。你能回想起使横线向上或向下移动的原因吗？记下你的积极情绪与消极情绪的引发因素。想一想在这条"横线"期间你遇到了什么人。你还记得他们的哪些话语或行为？他们对你和你在情绪上的变化做出了什么具体反应？你如何了解他们的内心感受？你如何改正自己的情绪和行为？为什么？

方片 ◆ 7——沉着镇定

基本理念

我很想知道当你看到自己的球队或者你喜欢的球员在比赛中遇到危急关头时，你有何感觉。他们为什么看上去那样沉着镇定，而你作为一名观众坐在看台上甚至都有些惶恐不安？你也许还记得英格兰橄榄球队的外侧前卫乔尼·威尔金森（Jonny Wilkinson）在罚球时的情形。他张开两臂，两眼准确锁定方向，想象着橄榄球流畅地从两个门柱之间飞过；他沉着镇定，脉搏平稳，

095

然后精准地投出了手中的橄榄球。这就是处惊不乱的生动写照。

我们在旁观的时候会感到不舒服，因为强烈的情绪会刺激身体对压力做出反应。由于这个原因，妈妈总是让你做深呼吸，从 1 数到 10。这种恼人建议背后的想法是刺激副交感神经系统，使你的身体镇静下来，让你感到更有把握应对面临的挑战。你可以看到任何领域里的顶尖高手面对压力时毫不示弱，明显地表现出沉着镇定的神态。

对于领导者来说，镇定自若就是从根本上把控自己。如果你失去控制，人们会感到担忧，从而削弱他们对你的信任。从会议上大喊大叫，到狼吞虎咽吃下全部多出的炸面圈，各种反常举动都表明你并没有完全控制住局面。当然这涉及表面现象，而不是实际情况。如果我们只是在内心里高声喊叫，人们对我们就不会做出尖锐的评价。面对失去控制的情况，你是否有一些防范措施呢？想一想你希望拥有的声誉以及要为身边的人树立的榜样。是否有什么事情你做了以后会明显地影响上述努力，或者使人产生各种不同的想法？也许办公室里有你的劲敌，什么都要插手。下次你挂断电话时，能否不怒气冲冲地大声喊叫，而是刻意控制一下情绪，不让感情外露？要记住，这并不是压抑完全合理的情绪，而是为了非常有效地利用情绪，尽可能使当前局面发生好转。因此你要努力练就一张不动声色的扑克牌面孔，使自己可以更加自如地选择何时流露情绪，何时应该控制情绪，以便收到更好的效果。

实践

当你下次怒火中烧时：

赶快息怒；

立刻深呼吸。

如果你非常生气无法处理问题，首先要呼气，即使这样做也显得有些愤愤不平。要一直呼气，不要吸气，直到你的身体自动替你吸气。有意识地露出笑容，然后放松微笑，直到感觉自然为止。接下来当场做出反应。也许要提个问题？如果是表示关心的问题，比如，"是不是有些不对劲？"或者"对不起，让你生气了吗？"那的确会有帮助，因为对别人表示关心也会刺激副交感神经系统。只要坚持呼气练习，微笑就会成为一种自动反应，可在你生气时腾出更多时间思考对策。渐渐地，你就能够放慢做出反应的速度，变得更加谨慎，这有助于你更加准确地把控自己的行为，避免你的情绪对别人产生不良影响。

了解以下奇特的研究结果会在这方面对你大有裨益。1988年弗里茨·斯特拉克（Fritz Strack）与同事们在研究中发现，观看动画片的受试者要是嘴里含着一支笔，脸上则会呈现出微笑表情，他们会觉得动画片更可乐。因此在你强忍着心中怒火时，不妨侧下脸来咬手指，或者在嘴里含上一支笔，这样你就不会说话鲁莽，还能够改善你的情绪。

方片 ◆ 6——给予他人希望

基本理念

前瞻性常常同发展战略相提并论（前者概括或描述后者）。对于领导者来说，重要的是应记住这并不是枯燥无味的策划活动，而是可以给人带来希望的活动，所以人们才跟随你。这关系到你如何满怀希望，保持乐观，如何给别人带来希望。

当年我学习拉丁语和希腊语时，必须要掌握各种语气，这是深入了解我们本国语言的一个有效方法。"这是什么？"（What is this?）——疑问语气。"这可能是什么？"（What might this be?）——虚拟语气。"现在厌倦了。"

(Bored now.)——指示语气。"继续做下去！"（Get on with it!）—祈使语气。还有些语气我以前没听说过，比如同地点有关的方位语气，同愿望有关的希望语气。这些语气在英语中已经消失了，但是我喜欢希望语气这个概念，但愿我们能有更多的希望。

丹尼尔·莱文廷（Daniel Levitin）是加拿大麦吉尔大学的心理学、行为神经学与音乐教授。他也非常希望我们更多地做一些白日梦。他认为，"恍惚出神状态"有助于我们进入最伟大的创造与洞见时刻。正是在我们自由联想的时刻，我们将一些看似随机、彼此无关的事物串联在一起，最终却能解决最为棘手的各种问题。丹尼尔·莱文廷表示，这种心理状态也是我们的神经重启按钮，在我们被多项任务拖得晕头转向时，重新恢复清醒的洞察分析意识。在我们邀请人们做白日梦时出现的情况值得关注。阿什里奇商学院的同事约翰·尼尔（John Neal）要求学员开展幻想训练，让他们闭上眼睛，想象着自己在高尔夫球场上参加比赛。训练情景关系到未来成功，以及在体育训练中运用视觉手段。然而当你询问教室里的学员是否有谁想象到一杆进洞的情景时，没有一个人举手。我们想象的情境为何不那么乐观呢？因为我们不敢大胆地去想象。

实践

对于你来说，做白日梦就是摘下护目镜。你开动脑筋，小心翼翼地在各种古怪的选择中梳理各种内容。但是这些古怪的选择实际上也可能成为某些希望的种子。对于这个过程来说，创造力的工具作用常常不大，只有到思维过程的最后阶段才会出现潜在解决方案。因此当你在大胆地梦想着未来时，要清除所有不利的影响因素。你是否拥有世界上的全部时间？你是否拥有你需要的全部资源？你是否不在意别人的看法？回答这些问题很可能使你产生新的想法，揭示出一些要努力克服的重大障碍。在我们最初的未来领导者研究当中，许多领导者希望自己当初早一些知道自己能够做什么。由于缺乏积极进取的信心，他们失去了时间和机会。

担任领导工作需要视野开阔，需要以同样方式为自己领导的组织展开梦想的翅膀。要抑制同事们的主观影响，直到最后一刻。乐观态度是戈尔曼提倡的核心情感能力之一。我们都喜欢追随给我们带来希望，为我们描绘出希望画卷的领导者。这不是愚蠢的乐观态度，也许一蹴而就的情况很少发生，但是我们需要的是一幅真实的画卷，就像莎士比亚笔下的亨利五世在阿金库尔战役（Battle of Agincourt）前对军队发表的著名演讲一样。亨利五世知道老兵们爱讲战争故事，于是他在未来的圣克里斯平节（St. Crispin's Day）那天同老兵们在乡邻宴饮时，坐下来讲了一些战争故事，并向在场的各位自豪地展示了阿金库尔之战留下的伤疤。那场战役付出的代价很大，但是非常值得。

我们在管理情绪的背景下遇到了重新调整审视角度的问题。重新调整审视角度，基本上就是努力在黑暗中看到光明，看到事情积极的一面。你也许记得马克·吐温笔下的汤姆·索亚在粉刷波利姨妈家的栅栏时就是这样做的。汤姆·索亚将粉刷栅栏这件事成功地重新审视为一种特权和乐事，居然吸引到小朋友们纷纷付费帮着忙碌。在每次探讨伦理问题之前，我都喜欢提出下面这个问题，让学生感到大惑不解：你真的存在吗？他们会觉得，这女士简直疯了。但是这个问题却很严肃。因为我们实际上无法证明我们确实存在。我们也无法证明这个世界是真实的，因为我们无法站在世界的外面适当地审视它。电影与小说中的许多情节紧扣这一主题，主人公"幡然醒悟"后发现他们以前面对的现实生活并不真实。从理论上可以说，我们经历的一切只不过是我们想象的幻象而已。当那些相信命运的宗教传统发问神让他们从已经发生过的任何事情当中领悟到什么时，所用的手法与此类似。事情出现差错时，这就是一项很好的思想实验，因为你可以问自己"这是因我而引起的吗？"，"我可以从中得到什么呢？"这也许荒诞可笑，但同时又有益处，因为它可以自动地将你遇到的一切重新审视定位为机遇。

下次你在向团队成员简单介绍未来的情况时，一定要给他们带来希望。如果你不是一个乐观的人，那就请乐观的同事帮助提振团队士气。下次你的团队遭遇挫折时，给他们设定一个"重新审视问题"的挑战。应该奖励你的团队中提出最佳重新审视方案的成员——也许是奖励带有笑脸的吉米道奇糕点吧？

方片 ◆ 5——主动性

基本理念

主动性是丹尼尔·戈尔曼提出的另一个核心情感能力。主动性关系到进取心，关系到将人们吸引到你的身边，产生前进动力，使人有一种旅行出差的感觉。人们渴望被带向美好的未来，因此体现出的主动性是一种非常纯粹的领导力。这种核心能力并不适合所有类型的个性。有些人比别人更乐于积极进取。有时这是慷慨行为，有时又是把控行为。无论是哪一情况，如果这还不是你喜欢的行为，你应该知道如何按着客观需要驾轻就熟地施展这一工作能力。

实践

一开始可以采取循序渐进的训练方式。你可以每天提出一个积极建议，无论是去哪里吃午餐，如何解决工作问题，或者晚饭应该做什么吃，这类建议都可以。如果你提出的建议并没有总是得到采纳，那也不要气馁，应该坚持做下出，直到觉得这样做更加自然。接下来，在这一基础上积极主动地承担其他任务，比如主动负责会议行动，或者领导一个工作项目。在你树立自信心，也让你身边的人对你更加信任的过程中，你会感到自己在积极进取方面变得更有勇气。当你在这方面磨炼自己的技能时，要注意你周围的其他领导者通过哪些行为体现了他们的主动性，何时这样做奏效？如果不奏效，应该如何改进？

方片 ◆ 4——习惯

基本理念

各种习惯在我们日常活动中发挥着非常重要的作用。习惯代表的神经功能捷径为我们节省了宝贵的信息处理时间，让我们能够继续顺利地生活下去。在运用这些启发方法时，我们的心像图得到了加强，各种习惯变得越来越强大，甚至越来越轻易地显现出来。这也使得它们极难改变。

查尔斯·都希格（Charles Duhigg）在所写的《习惯的力量》（*The Power of Habit*）一书中讲述了下面这个有名的故事。1999年宝洁公司开发出了风倍清（Febreze）空气清新剂。这一产品非常出色，就连美国国家航空航天局都用它来清洁从太空返回的航天飞机。但是作为一种日常消费品，这种空气清新剂却很失败。研发团队经过仔细调查后发现，人们之所以不使用这种空气清新剂，是因为他们不习惯散发在周围的难闻气味，也没有任何有益的"暗示"来鼓励使用这一产品。再者，即使他们使用了这一产品，也不会有积极的回报——让难闻的气味彻底消失。他们观看了数小时人们打扫房间的录像后发现，在每次打扫完房间后，录像中的主人都会有一个习惯性行为：脸上浮现出微笑，或者拍一拍睡床，或者把垫子拍回原来的形状。于是研发团队又推出了带有香味的风倍清空气清新剂，并制作了一个推销广告：广告画面上表现的是一个人先是打扫房间，然后喷洒带有香味的风倍清空气清新剂庆祝打扫完毕。暗示、日常惯例与回报，这就是都希格的基本论点，他认为习惯需要包含这三个要素。因此如果你想要改变一个习惯，就需要在这个过程中打乱其中的一个环节。

假设你喝茶时在茶里放糖。这一习惯行为已经根深蒂固，你在自动驾驶仪上也这样做。提示——茶壶烧开；日常惯例——将茶杯、茶叶袋、糖与汤匙摆好；回报——抿上第一口香茶，回味甘美无穷。

如果你要使自己的牙医高兴，或者要使自己的腰围瘦一圈，那又会怎样呢？当你听到水壶烧开时很容易不知不觉做出反应，也很容易一边将糖搅入茶水里，一边回过头同别人讲话。抿上一口香茶实属正常，直到过了好大一会你才想起自己要戒糖。所以聪明人会将糖碗放到别处，打乱日常惯例。在你想要找到糖碗时，你很可能回想起为了避免受到诱惑，你已经将糖碗放到别处，不再往茶里放糖。如果你好在开会时贪吃饼干，你不妨消除"暗示"，将饼干盘放到别人的桌子上。如果你在忙碌了一天后常用葡萄酒犒劳自己，还想少喝一点，你也许需要采用不同的犒劳方式。比如吃一些高级甜点，欣赏一些很吸引人的套装艺术作品，或者用其他种类的高级享受犒劳自己。许多以前吸烟的人就是因为这种"替代需要"吃上了甜食。所以一定要注意，切不能以一种不良习惯替代另一种不良习惯。

要记住，习惯应该是对人有益的，有助于尽可能满足一种需要。所以你首先应该确定习惯能满足哪些内在需要，然后才能永远改变一些习惯。改变一个习惯要用多长时间呢？费莉帕·拉里（Phillippa Lally）和她的研究团队发现，改变一个习惯所需要的时间在18天至254天之间，平均需要66天，即平均至少2个月。由于需要付出更多努力来应对你所引起的神经系统方面的问题，你在较长的时间内也需要能够花费额外的精力。你要选择自己的战场，不要同时全面出击，但是也不要等到"有感觉"了才努力去做。奥利弗·伯克曼（Oliver Burkeman）指出，我们并不需要有动力了才去做事：我们必须去做，别无选择。我们应该注意到自己的拖沓情绪，尽力而为。

实践

确定一个你要改变的习惯。这一习惯有什么优点？它如何有助于你付出最少的脑力？你为什么要改变这个习惯？你是否心安理得地要实现这一新变化？如果不是，不妨回过头来实施下面的实践。首先要问的是，这一习惯引发了什么暗示动机？接下来会出现什么样的日常习惯行为？最后又会有什么回报？这三个要素当中哪一个最容易受到干扰？

我们研究了喝茶加糖的事例，其中将糖碗移开是最有效的干扰行为。你会采取怎样的干扰措施去打破原有的行为模式，使你选择养成新的习惯呢？坚持做下去，因为养成习惯需要花费一定的时间。

再举一例。假如你有这样一个习惯：别人请求帮助时你总是热情提出建议，但是你想要提高自己的指导技能。你得到的暗示是有人向你提出问题，你的习惯做法是给出答案，回报是你觉得自己对别人有帮助。在这种情况下，也有一个语言陷阱，即提出问题的关键是为了得到答案。所以两个层面上都有暗示。在这种情况下，你必须努力克服自动回答问题的习惯。为此，不妨尝试有意做出不同的反应。也许你可以尝试在回答问题时总是讲一句套话"再说一点好吗？"这样你就会有思考时间，决定是否要回答问题，或者尝试着提出一个指导性问题。

方片 ♦ 3——人员缺失法

基本理念

有很多理论方法可用于发现团队中或思维过程中的不足，比如梅瑞狄斯·贝尔宾（Meredith Belbin）提出的团队角色理论、爱德华·德博诺（Edward de Bono）提出的六顶思考帽学说、麦尔斯·布里格斯（Myers Briggs）提出的职业性格测试一类的心理测试方法，以及关于多样性与有效范围主题的任何理论方法。我喜欢运用的方法比较简单。这是培训专家罗杰·格里纳威（Roger Greenaway）在积极评估团队绩效过程中运用的一种有效训练方法。这种方法被称为"人员缺失"法，对于领导者和团队均很有效。这是一个简单的原则。想象一下，你的一位同事今天缺勤。很遗憾，如果这位同事在的话，你的团队就会表现得非常出色。将这位缺勤的同事尽可能详细具体地画出来。这位同事是否长着一对大耳朵，听觉灵敏？是否长着可以处理多项任务的章鱼触手？还额外长了一些眼睛，可以发觉你看不到的东西？运用这方法能够非常有效地发觉一些不足而不会责备今天出勤的同事，并揭示出未来发展方向。

实践

我仍然希望你尽量将缺勤的同事画出来，因为绘画可以运用大脑不同部分的功能。我要提出一个不同的建议：想象一下你有一个可以成全你的同卵双胞胎兄弟（或姐妹），或者是一位可以成全你的分工同事。具体来说，他们做的哪些事情可同你的才干和技能形成互补关系，使你本领大增，或者弥补了你的弱点？明确这一点，可以使你看清自己的发展需要，更重要的是可以使你认识到你的团队中需要谁。太多的领导者按着自己的形象来招聘员工，而实际上你需要的却是一个人员齐备、能力互补的团队。

方片 ◆ 2——选择学习榜样

基本理念

"榜样"这个词如果被标榜得过分，就会失去本身的魅力。但是自出生以来，我们一直本能地通过模仿别人学习本领。我们非常习惯于模仿学习，常常意识不到自己在模仿别人，往往对此加以否认。对于这一点，市场营销人员心知肚明，这就是他们常常利用名人代言和植入式广告的原因。模仿我们钦佩的社会名流的举止行为，时髦的言语方式或词汇，模仿他们的衣着和装饰，这些均属于此类现象的常见实例。在职场上更是如此，我们同时既要努力学习，与他人相处，还要给人留下深刻印象。因此，最终我们很可能自觉或不自觉地模仿身边那些社会地位高的人士。这就是在董事会层面上实现人员多样化，各显其能的重要原因。

实践

指定一些学习榜样。有意识地选择学习榜样，能够有效避免无意中模仿错了人。针对生活与事业的不同方面，你应该有数个学习榜样。你也许不愿意知道有些人正是你的模仿对象；还有一些人你却心悦诚服地奉为正式导师。无论是哪一种情况，你都要做好多方面准备：内部的事业导师确实有益，但是他们也有失宠、使你处于不利境地的时候。

与此同时，也要回报师恩。谁在追随你？为什么？你会成为谁的学习榜样？你是否能够做到行为谨慎，有为人楷模的风范呢？你也许钦佩资历不深的下属——他们能否成为你积极向上的导师，使你同他们那代人保持接触，及时了解他们的独特视角呢？如果在你的工作单位里面没有明显的人选，可以在你的行业里挑选徒弟，他们会像你一样有巨大收获。这是磨砺核心技能的一个行之有效的好方法。

第七章 13×梅花牌：最大限度提升你的影响力

你的实际影响

一副扑克里的梅花牌（club），使我想起了动画片里洞穴人手持大棒（club）为过时的奇特恐龙送行的场景。因此，我将最大限度提高影响力的实践归在梅花牌下。有些实践以"肉体"为重点，关注的是你的休息情况和健康情况，以及你的生活方式是否具有可持续性。还有一些实践更加关注当天你如何亲自发挥影响。你是否清楚自己如何运用权力来控制他人？你是否能够让别人正确理解手头工作的影响、形象和地位？在社交媒体发达，个人品牌有可能毁于一篇推文（tweet）的时代，究竟有多少渠道可用于宣传同手头工作有关的上述内容？在阅读本书这一部分时，利用下表为自己评估打分。

表4 梅花牌

梅花牌	RAG	下次练习的机会
A♣	平衡工作与生活	
K♣	睡眠质量	
Q♣	精力	
J♣	打造个人品牌	

续表

梅花牌		RAG	下次练习的机会
10♣	敢于变化		
9♣	解读文化		
8♣	掌控权力		
7♣	控制权		
6♣	庄严的举止		
5♣	姿态		
4♣	着装		
3♣	服装色彩		
2♣	社交媒体		

梅花♣ A——平衡工作与生活

基本理念

工作与生活的平衡关系？其中的含义不言而喻。德勤会计师事务所的一名合作伙伴对我们这些年轻人说："那是明摆着的。"对此我们并不陌生，因为如果有人问我们还好吗，我们就会以略带狂躁的口吻回答说："很忙！"似乎这样回答才合适。目前有许多理论方法可用于斟酌自己的生活选择，考虑如何分配时间。我认为，我发现的最佳方法就是劳伦·培根（Lauren Bacon）提出的"平衡关系示意图"，将精力与工作安排联系在了一起。

她区分出两大类事务：一类是使你感到筋疲力尽，由别人安排的事务（乏味无趣的工作）；另一类是使你精力充沛，由你本人安排的事务（有乐趣与目的明确）。尽管你仍然需要谋生，但是你所做的大部分工作虽然并不直接服务于你的工作安排，却都有可能使你充满活力（有回报的工作）。要激励自己承担一些有助于推进工作进展，但却单调乏味的"任务"——至少"有乐趣与目的明确"这一点可以成为你的工作动力。

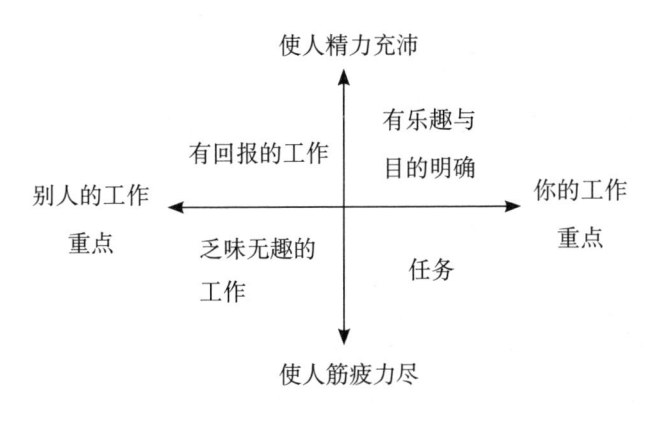

```
                    使人精力充沛
                         ↑
        有回报的工作   |  有乐趣与
                     |  目的明确
  别人的工作 ←────────┼────────→ 你的工作
  重点                |          重点
        乏味无趣的   |   任务
        工作         |
                     ↓
                  使人筋疲力尽
```

图 4　平衡关系示意图

实践

你如何在实践中运用这一矩阵？首先，将你的日常活动同这一矩阵对应上。你在平衡安排时间上做得怎样？我猜想，"有乐趣与目的明确"这一部分有点受其他三个部分的挤压。你如何才能使这一部分得到增强呢？工作任务必须完成，但是你是否可以将它们转包出去？苦差事也可以转包。你可以将这些活动分配出去多少？你是否可以进一步看清楚，为你所在单位的工作计划服务也就等于为自己的工作计划服务，从而甚至将有回报的工作也转变成有乐趣、目的明确的活动？在全部四个象限的三个象限当中，均有机会将各项活动转变成目的明确的学习机会。你是否能够将一次乏味的会议当作结业实习场所，磨砺自己的倾听技能？你是否可以利用精心选择的有声读物和 TED 演讲视频内容，使通勤的路上充满快乐，在做家务时心情愉悦？你如何能够寻找更多的机会让日常工作变得有乐趣，目的明确？可用便利贴跟踪记录这些实践。本月你已将多少活动悄悄地移入了"有乐趣/我的工作安排"这一方框里？

梅花♣K——睡眠质量

基本理念

如果团队开会时让会议暂停下来，要求与会的每个人按着昨晚睡眠时间的长短依次排队，你会非常惊讶地发现他们的睡眠质量究竟有多差。有时是因为孩子而睡眠不好，但是心理压力常常是睡眠不好的重要原因。阿什里奇商学院在定期开展的"寝室"调查中发现，管理人员晚间睡眠时间不足 7 小时，而且随着年龄增长睡眠时间越来越短。将这种情况同一天工作很长时间却不吃午餐的习惯两相对照，可以得出极为惊人的统计数据。睡眠专家维姬·屈尔潘指出，连续 17 小时不进入睡眠状态会使人的行为发生变化，其影响相当于喝了两杯葡萄酒。许多国家禁止喝了两杯葡萄酒的人开车或操作机器。但是在我国，这样的人却掌管着规模最大的公司企业，每天做出各种非常可怕的决策。

接受调查的有 340 名管理人员，其中有 80% 以上回应说，每天夜里至少醒来一次，而且随着年龄增长再次入睡所需的时间越来越长。同一批调查样本中的首席执行官每次需要 30 分钟再次入睡。接受调查的 72% 的管理人员表示，由于睡眠不足，他们发现很难集中精力执行工作任务。如果每天夜里缺少睡眠 1.5 小时，白天的机敏警觉性便下降 32%。因此，一个团队中要是有三位患有失眠症的管理人员，就等于在工作过程中缺少了一位团队成员。良好睡眠也是增强记忆力的必要因素，所以长期失眠会日益影响记忆与工作效果。上述统计数据应该引起董事会成员、股东，以及企业风险分析人员、决策人员与绩效管理人员的高度重视。

研究表明，大脑的执行功能通过睡眠达到最佳状态。因此如果睡眠不足，次日就会延迟进入最佳工作状态。大脑的执行功能关系到我们如何进行自我调控。这一执行功能就像大脑的私人助理一样，组织着我们的行为，在对环境做出反应方面对我们的行为进行调节监视，控制我们的行动和情感。执行功能有助于大脑处理复杂性与创造力方面的因素，有助于大脑解决问题、掌控抑制过程以及评估风险的能力。当我们运用意志力时便已精疲力尽，这一点也会反映在心率变化增加与血糖水平下降上。我们要想继续保持良好的工作状态，就必须提高血糖水平；食物、水与娱乐活动均会有所帮助，但是最重要的促进因素是休息与睡眠。

阿什里奇商学院有关睡眠因素调节方面的研究成果表明，情况不容乐观，其他睡眠研究成果也往往与此相同。如果管理人员工作负担重，工作时间长，他们做出合理决策的能力就会逐渐被削弱，发现问题与遏制不良情况的能力也会受到同样影响。所有管理人员每天通过运用意志力做出的努力，又会使情况变得更加严重。

在遇到压力的工作日里，可通过很多方式保持良好状态：吃午餐、饮水、会议休息期间围绕大楼散步，或者吃香蕉、去健身房、通过无私行动增强自尊心。如果公司企业进一步重视这个问题，也会有所帮助。及时采取矫正措施可以大幅度提高整体绩效。如果你的员工正在加班，经常把工作带回家去做，你需要重新评估他们的工作负担，也许考虑不周的决定所付出的代价会高于通过减员节省的成本。

阿里安娜·赫芬顿（Arianna Huffington）指出，我们应该通过确保良好的睡眠达到最佳工作状态。她还认为，我们也应该学会放松身心。她在《睡眠革命》一书中建议，睡前应该避免接触我们使用的电子产品发出的蓝光至少达30分钟。她提倡睡前进行静思冥想、练气功、细数自己遇到的好事，凡此种种，均可以使你睡得更好。刘先生和团队成员们所做的有关奇特研究表明，每天喝两次微酸的樱桃汁可以很好地提高睡眠质量。

屈尔潘对那些难以入眠的管理人员们提出了这样一条建议：在睡前4~6小时，不要饮酒，不要喝咖啡，不要吃脂肪含量高、辛辣或含糖的食物；经常锻炼，但是不要在睡前锻炼；使寝室保持良好的通风，温度适中，幽暗，安静。作为睡眠的准备，上床前吃根香蕉或者喝杯温牛奶。我在前面提到过对付失眠的良策：尽最大努力睁着双眼。每次都很奏效。

实践

写一周的睡眠日记。如果你有智能手机或者可以佩戴的电子技术产品，不妨尝试一下睡眠软件。你注意到了什么？你会如何提高睡眠质量？看看上面提出的各条建议，你会采用哪一条？今晚你会采取什么样的不同措施？

梅花♣Q——精力

基本理念

在这方面罗马人有一句谚语：健全的思想存在于健全的体魄当中。太多的领导者整天忙于处理在工作中遇到的思想认识问题，他们当中许多人忽略了提高处理体力问题的能力。当然，注意饮食、注意健康情况以及睡眠质量显然是非常重要的环节。

但是我认为这方面最有见地的观点是我的同事安吉拉·缪尔（Angela Muir）提出来的。当年在克里斯·杜伯里（Chris Dewberry）指导下攻读硕士学位时，她对自我损耗（ego depletion）这个课题展开了研究。她将自我损耗这个概念解释为每天使用的电池以及展现出的意志力。具体而言，它关系到我们在前面提及的大脑执行功能。大脑中的这位"成年人"帮助我们进入良好工作状态，增强注意力，做出有效决策，将新奇因素派上用场，策划未来发展，抑制毫无益处的冲动。这一理论认为，我们在这方面所起的作用类似于电池。在一切顺利的情况下，我们每一天都精神振作，好像充满了电。随着一天工作的开展，我们的能量逐渐减弱，尤其被大脑执行功能承担的繁重活动消耗了很多。卡洛琳·韦伯（Caroline Webb）在其所著的《如何度过美好的一天》（*How to Have a Good Day*）一书中认为，当我们的大脑这一有意识的部分感到疲惫时，我们的下意识紧接着开始发挥主要作用。这时我们的大脑试图通过减轻负荷来应对，但却易使我们受到不符合要求的自动反应的消极影响。

关于用来检验"自我损耗"概念的各种措施是否健全或稳定这一点，目前世界各地的学术界争论不休，一场学术风暴即将来临。在科学不断发展的同时，我希望你将此视为一次思想实验，因为它涉及认知超负荷方面比较成熟的思想认识（我们在探讨注意力话题时阐述过有关内容）。

实践

让我们想一想那些能让你筋疲力尽的事情，它们就像是《哈利·波特》中的摄魂怪、坏天气、交通事故、烦人的人、IT故障，或者立刻让你情绪不佳的任何事情。其中许多事情你无法控制，但是也有不少在一周又一周的工作日里可以预料到的事情。看一看你写的日记，其中有多少因素目前可以预料？

不要甘受命运的摆布，应该采取一些应对措施。借用《音乐之声》中朱莉·安德鲁斯（Julie Andrews）演唱的一首小曲之名，这些都是你的"猫咪脸上的小须子"，包括使你微笑，让你恢复平衡，使你开心或镇静下来的所有一切因素。还有一些我们了解的积极因素可以提升你的情绪：休息、饮水、吃香蕉、夸奖别人、放声大笑、唱歌、听音乐、跳舞、美容、无私奉献、锻炼、开展户外活动、进入正念状态、冥想、祈祷、会友、养花养草、观看猫咪视频。还有其他什么活动能够给你带来快乐、平静，使你头脑清醒呢？看一看你的

113

日记，努力认清未来几周内哪些天里最有可能出现对你产生很大消极影响的事情。不要被动接受，应该计划积极实施一些应对措施，防患于未然。会有一天忙着打销售电话，累得筋疲力尽吗？忙到一半时，不妨给最要好的朋友打个电话；或者在一天的工作结束后，买一份外卖食品，再看一场喜欢的电影，以此犒劳自己。

你也许还要为特别重要的会议、演讲或会面做好相应的安排。你可知道需要做好哪些安排让自己精神舒畅，放松平静，精力充沛吗？将所有起到促进作用的事情列在一份清单上，这样在自己思路不畅、需要帮助时就可以方便地调用实施了。这些事情也许并不总在你的控制范围内，但是其中许多可以设法做到，对于那些使你心绪不佳的消极因素可以起到立竿见影的抑制效果。有位客户总是将毫不吝啬的溢美之词作为她解锁屏幕的动机，每天多次输入问候赞美的词句。在工作进展不顺利时，尝试着吃一些可以增强（而不是消耗）能量的食物。开心地吃一份比萨饼，喝一大杯葡萄酒，别让款待自己都成了问题。

梅花♣J——打造个人品牌

基本理念

你的职位越高，其他员工就越不容易见到你。一部分原因是同员工们一对一见面的时间少了，另一部分原因是你需要经常离开办公室，同外边的利益相关者们打交道。这意味着看法比实际情况更重要，因为很少有人能够直接看到你本人的全貌。这实属正常，完全被视为理所当然的事情，但是其中也有不利之处。核心领导层成员接触群众的机会越少，他们面临的风险就越大，因为下属们只能凭借猜测来填补认识空白。所以领导者需要尽可能使下属们方便地了解自己，接触自己。你应该善于影响别人对你的看法。是否每个人都清楚你代表什么，你的工作重点是什么？如果他们并不清楚的话，你希望他们该怎样做？

其中一个应对措施是运用个人品牌这个理念，因为每一个领导者真正需要的是强势品牌标志。打造职业品牌是一个不断发展的领域，随着社交媒体的兴起进一步加快了发展速度，淘汰了许多品牌模式。最初在牲畜身上打下烙印是为了表明所有权；打造商品与服务品牌也是为了在有可能不同的事物之间建立共同联系。将这个概念做进一步发挥，如今市场营销人员特别关注品牌的实质特点，也就是除了标志性的品牌图标与特定颜色以外，能够使各种商品形成统一品质的核心因素。因此品牌涉及承诺，涉及内在关系。如果你购买了某一品牌的产品，你总会得到附带的消费益处。这会渐渐地培养起客户的忠诚态度，从而促进销量，提高利润率。这一理念同领导者关系很大，因为它涉及高层释放的信息，涉及通过简单的品牌标志传递信任感的能力。

我曾经有幸培训过来自三一港务局（Trinity House）的领导者。这个灯塔管理总局机构负责管理英格兰与威尔士所有灯塔的运行业务。他们对我说，有一部专用编码书可以告诉你每座灯塔的灯光标志。因此，即便你不知道自己在地图上处于什么位置，也可以通过翻看这部编码书查到自己所处的方位。我喜欢"闪光模式"这个概念，这正是我说的领导者品牌标志的含义，因为领导者在传递信息时应该像灯塔发出的灯光一样连贯稳定。

实践

你已经拥有了品牌，所以第一步要协调品牌，确定它是否符合你的要求。首先给你认识的 10 个人发送电子邮件，请他们回复最能概括你个人特点的 3 个关键词。将收到的这些关键词进行比较，看看是否会出现什么主题。尽可能请他们提供一些可以佐证这些关键词的事例，以便于了解关键词的含义，了解你正在发出什么样的信息。如果你有足够的勇气，也可以设法验证你收到的关键词，在下次参加培训班或者在情况允许的其他情况下，向那些初次见面者询问对你形成的第一印象。当你看到这些关键词时，你是否喜欢？它们真实可信吗？是否有帮助？如果其中有的关键词给人的感觉并不合适，你准备如何更改自己发出的信息使人们形成不同的看法呢？

例如，我曾经收到的一个关键词是"快"。给我发送这个关键词的人解释说，有时这样的特点很有积极意义，比如反应机敏。但是有时我的行动太快：判断快，说话快，快得让人听不明白我的意思；回答问题也快，似乎我并没有认真倾听别人讲话。这是一种非常有益的提示，让我们明白智力上的优点在有些情况下却是人际交往上的缺点，我应尽量加以克制，以免使其成为同其他人的沟通障碍。你会如何做出这样的调整呢？运用停顿，更加积极地倾听别人讲话，通过提问核实一下，然后再做出反应。至今我也无法总是做得到位，但是这的确是一条很有帮助的反馈意见。

商业品牌可以受到各种挑战的检验，并从中得到加强。公司企业也知道如果处理得当，投诉就可以成为将客户变成长期品牌粉丝的绝佳机会。一般而言，如同个人品格一样，你作为领导者面临的各种挑战既会强化你的个人品牌，也会迫使你对它加以改变。进一步了解自己的"闪光模式"，可使你的个人品牌更加稳固，便于你有意识地加强它、评估它，或者根据它来衡量自己的决策行为。如果出现了使你的工作单位感到忧虑的任何情况，应该选择机会向他们公开证明自己的个人品牌。就像遇到暴风雨的船只一样，当天气变得更加恶劣时，船员们会不知不觉寻找最近的灯塔，你发出的稳定灯光会使他们感到心里踏实。

梅花♣10——敢于变化

基本理念

变化是正常的，但是也会让人感到怅然若失，或者至少必须要做出很大努力去养成一种新习惯。所以我们当中有许多人一时难以适应也就不足为怪，因为我们要为此付出很多精力。以前为了谋生，我曾经做过变化管理方面的工作，见识过各种不同的变化模式：房屋变化模式、阶梯变化模式、网格变化模式、循环变化模式、过渡变化模式以及路径变化模式。凡是业内权威与咨询公司兜售的各种变化模式应有尽有。我见过的所有变化模式均以库伯勒·罗斯（Kübler Ross）提出的悲伤曲线为理论依据。你也许了解这一模式，它描述的是丧亲之后表现出的情感先后变化，由瑞士精神病学专家伊丽莎白·库伯勒·罗斯于1969年首次提出。她根据自己在芝加哥大学医学院从事过的绝症患者临床工作，以及对死亡和面临死亡者的研究体会，提出了悲伤曲线学说。悲伤曲线涉及的五个阶段情感，分别是否认、愤怒、谈判、抑郁和接受，经常被画成U型曲线。她后来在研究工作中又将任何形式的个人损失都包括进去，比如失去工作、失去自由、关系破裂，或者身患重病失去健康。她在晚年承认，并非所有的人生体验都遵循这样的线性悲伤轨迹。

我原来对于悲伤与变化之间的联系非常表示怀疑，直到我亲自开始组织有关变化的训练实践，让受训者配对，在外表上体现出三个变化，看看各自的配对伙伴能否发现这些变化。每次我组织这种训练，每个人一开始都要减少一样物品，比如戒指、手表、领带、鞋——他们的直觉是主动从身上取下一样物品。仅仅在反复经过这样的几次训练之后，受训者便开始添加、借用物品。他们相互模仿，互通有无，开展实验，体现出在发生变化期间我们想看到的所有那些积极行为。最初排斥，接着费力地处理问题，最后吸收整合新数据的过程，就是我们在任何情况下学习新知识、新技能的过程。

根据怅然若失的假设，帮助处于过渡时期的人们就是为他们每个人确定有可能获得的益处，使他们感到值得付出努力。也许你必须付出很大努力才能有所发现，但是你肯定能够做到这一点。你可以在训练实践中将这一能力同涉及乐观态度和寻找一线希望的能力结合起来。这常常关系到员工的发展机会，也意味着有机会给有重要影响力的人物留下深刻印象，或者掌握简历写作的重要技巧。回顾一下你最害怕哪些变化？事后看来，你从中学到了什么，使你处于有利的境地？这种看法如何有助于你去帮助别人？如果你想使自己保持敏捷的状态，每天都要有一些微小的变化。沿着另一条道路开车上班。进出办公室时改变一下行走路线。吃午餐时换换口味。开会时坐在新地方。使用一支新笔。尝试任何可以改变原有习惯行为的事情，这样在非常必要时你会知道自己可以做得到。

实践

当你下次努力实施变化（无论大小）遇到阻力时，这里有方便的应对工具可供你使用。在德勤会计师事务所，我们常常与客户一同合作，实施变革计划，根据"阻力轮"的如下三个变量将不赞成实施变化的人分别归类：缺乏理解、缺乏技能、缺乏积极性。当然这只是最基础的概括，但是只要不从贬义上运用这一工具，它仍然是一个有用的经验法则。

1. 理解

当你觉得自己没有得到别人的理解时，从理论上讲这个问题不难解决。如果人们没有以你希望的方式做出反应，也许他们并不理解你看到的问题。显而易见，这就是为什么组织在内部沟通举措上花费很多时间的原因。你是否可以放慢速度，重新开始，注意听取别人的意见？你是否明白你的头脑里

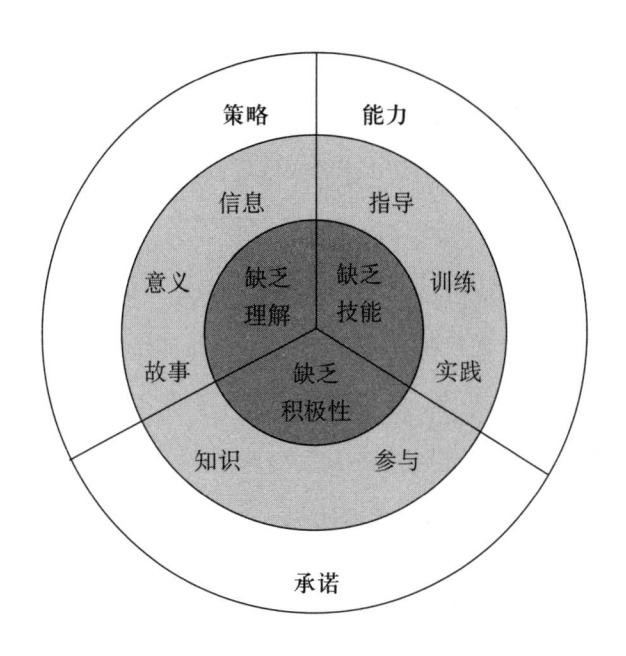

图 5　阻力轮示意图

有哪些想法你自己很容易理解，但是别人却看不出头绪？为了提高他们对这个问题的认识理解，你还可以采取什么措施？

2. 技能

星际迷航影片《未来之城》（*The Undiscovered Country*）中，讲述了一段有关"破坏"（sabotage）一词来历的故事。瓦莱利斯（Valeris）对乌呼拉（Uhura）和契科夫（Chekov）说，400年前在地球这个星球上，工人们觉得工业化威胁到了自身利益，纷纷将他们穿的木屐扔进机器里，阻止机器正常运转。无独有偶，有一段时期电脑键盘上经常"不慎"被泼上多杯咖啡，致使键盘无法使用。原来那时秘书们要在没有经过培训的情况下，将打字技能神奇地转变成电脑操作技能。她们担心一旦被人发现自己不会操作电脑，自己的工作就保不住。由此看来，在你对干扰行为做出反应之前，应该查清楚它实际上是否意味着请求帮助。如果确实存在技能方面的差距，比较简单易行的解决办法是开展指导培训活动，或者采取过渡措施。

3．积极性

通过沟通交流和培训的方式解决在理解和技能方面存在的差距有现成方案可用，但是积极性方面存在的问题却是一块难啃的硬骨头。首先承认差距，然后再设法让人们参与进来，这样做肯定会有帮助。但是在你已经使自己的盖洛普 12 的自检分数提高的情况下问题仍然存在，你会采取什么措施呢？如果我有良策，我会毫无保留地传授给你。实际上我确实有，这个良策就叫"爱"。每个人都非常积极地去做自己喜爱的事情，也是为了自己所爱的人。但实际情况是，我们经常毫无缘由地让人们去做一些没有价值的事情，而且我们对待他们的态度还不好。在你绞尽脑汁想出一些精明的计谋之前，问问他们为什么工作，特别是为什么做这个工作。如果你有勇气的话，问问他们喜爱什么。然后再问问他们接下来想到哪里去。最后，一定要诚实。要向他们解释为什么这一变化最终会有助于他们实现自己的目标。如果对他们没有帮助，就实话实说，解释清楚你为什么要求他们这样做。 如果他们不同意，你要尊重他们的意见。每个人对本职工作的看法并非都与你相同。我们对自己的职业都有不同的理解。即使对于最顽固的拒绝合作者，优秀的领导者似乎甚至能够看出他们所具有的优点。所以当你面临极大困难时，不要害怕听取那些聪明人提出的建议。因为"带着别人跟你走"——是所有的人，不是少数听话的人——这就是领导工作的职责所在。

梅花♣9——解读文化

基本理念

在美国,沃尔玛公司每天营业前都举行著名的沃尔玛员工欢呼口号活动,以鼓舞精神,振奋士气。在英国,特易购集团(Tesco)员工每天下午4点都放下手里的工具,走向过道,从货架后面将农产品向前拉,以迎接下一批购物者。这些企业文化上的具体表现,要比精心制作的网页内容常常更能够体现出一家企业的价值观。锻炼自己解读这些文化的能力,将会提高你在企业管理上的感同身受能力,这是一种非常重要的情感能力。

当年我的一位同事想要购买一辆自行车,于是他就直奔信差们经常聚集的吸烟聚会场所。他们最懂自行车,因为他们工作时离不开自行车。另外,他们也是洞察组织动向的行家里手。想要知道你的竞争对手在做什么吗?问一问给他们送专递的信差。接待处是否很忙碌?谁在访客签名簿上签字,或者在接待处等人?那里的员工表现如何?当"内部人员"不在身边时,接待人员是否对他们的公司出言不逊?忙碌的人们在成长过程中都会本能地通过了解周围的各种情况来充实头脑。你们的公司正在泄露什么内部情况?这是否破坏着你们"内秀外强"的企业品牌,将企业秘密展示给外界?

我曾经为设在伦敦市米尔班克路上的国教委员会工作过。在那里工作期间,我们曾经试图重新精简全国的宗教机构。我们在这方面的合作伙伴就是庞大的管理机构,位于国教总部的宗教事务总会。有一项引人瞩目的文化措施概括出了那次工作挑战的性质:给我们每个人每年嘉奖的额外假日。宗教大会的工作人员嘉奖的是耶稣升天节;国教委员会的工作人员嘉奖的是女王生日公共假日。教会与国家政府,哪方面应该取胜?当年我在德勤会计师事务所工作时，他们极力将自己描绘成"时髦"的模样，以吸引扎着马尾辫的网络一代年轻人。有关便装星期五（dress-down Friday）的通知发出时，两份备忘录一起公布。其中一份由咨询部门发出，上面写着"请不要穿着任何羞于同客户见面的服装走进办公室"；另一份穿着指南备忘录由审计事务所发出，其中详细描述了可以接受的服装品牌，并制定了一些新规定。比如，避免采用贴袋（patch pockets），因为同休闲裤上的裤袋相比，贴袋被视为太随意、不正规。

其他企业文化举措包括德勤会计师事务所下发的密码本，其作用是帮助我们理解国防部运用的大量缩写词，目的可能是让冷战时期搞窃听活动的俄国人摸不着头脑。20世纪90年代末期，你可以看出马可尼公司（Marconi）的电讯产业新措施有问题，因为在许多办公室的墙壁上仍然张贴着军事硬件的照片。后来我转到了阿什里奇商学院，在那里遇到了各种各样客户至上的规则，比如把香蕉留给他们，直到下午1点15才吃午餐，为的是让他们首先挑选可口的饭菜。

实践

下次你再遇到信差、快递员，或者是将你的竞争者送到机场的出租司机时，要多提一些问题。下次你再去拜访一个办公室时，要眼观六路，耳听八方，看看能够了解到什么情况——你捕捉到了什么企业文化信息？其中透露出了什么情况？环视一下你所在的工作单位，员工们对于本公司的哪些方面深信不疑？因为他们会在有意识的行为中，尤其是在平时那些不起眼的小事当中表现出自己的态度。你会采取什么措施，有意识地体现出你希望周围应该具备的那些企业文化要素？

梅花♣8——掌控权力

基本理念

在社会学、心理学和政治理论领域里，有关权力的研究文献可谓浩如烟海。实际上，最有用的权力模式就是那些告诉你如何获得更多权力的模式。因此我喜欢由约翰·R. P. 弗伦奇（John R. P. French）和伯特伦·雷文（Bertram Raven）在1959年提出的经典权力模式。多年来阿什里奇商学院的各批教员对此经典模式非常推崇，渲染有加。它也许不是最准确或者最详实的权力理论，但却是我见到的最实用的权力模式。

我对上述经典模式的解读包括三种权力基础：职权（role power）、召集权（convening power）与个人权力（personal power）。职权，经常被称为合法权或职位权力，同你的角色或职位职称有关。这样的工作赋予你两种权力：奖励与强迫的权力。职权包括你在位时调用资源和附属物品的能力。职权是工作自身的一种性质，当你工作有变动时无法带走原有职权。因此过去依靠职位使自己觉得有权有势的许多领导者，退休后日子难熬，纷纷在慈善机构的董事会任职，以此装点门面，重温已经失去的职权威风。在我看来，召集权就是借用权力的能力，常常从你掌握的信息和你结识的人脉那里借用权力。由于互联网的发展，各种全新行业陆续涌现出来，通过谷歌和其他搜索引擎赋予我们权力，其中也包括维基百科与多种网站，以及由社交媒体建立的各种网络。第三类权力基础就是你的个人权力。在三种权力中，这是唯一一种个人直接拥有的权力，因为你随时可用，永远属于你。这种权力取决于你的人格和专业知识，随时可以进一步提高，有助于为你赋予权力。

实践

同电池一样，权力是潜在的，处于被动状态，只有触动开关后才能体现出来。影响力就是运用权力、行使权力的结果。所以影响力常常关系到相对权力。设想这样一个情境：你希望有更大的影响力。在这种情况下，权力的不平衡体现于何处？你如何能够使自己觉得有更大的影响力？运用弗伦奇与雷文的划分范畴，将另一方的想象中的权力同你的权力加以对比。权力的失衡体现于何处？你的职责中是否存在着什么固有因素，可使你奖励员工或者动用强迫手段？

其中哪些方面对他们有利？他们是否还欠你个人情？你是否可以利用你的人脉或互联网，进一步了解你想要影响的那个人的情况？在你认识的人当中，是否有一位朋友的意见他们一直愿意听取，你可以把他派来代表你办事？你是否可以获取他们期盼的信息？你是否可以更加娴熟地利用你的人格魅力来影响他们？在这种情况下，你会如何更加有效地运用或提高你的专业知识？

按着此处提出的迅速增强权力的温馨建议，你可以考虑提前为运用权力做好准备。拉莫斯与加林斯基的研究成果表明，在接受采访或出席重要会议时，如果你事先回想一下自己曾经感到非常强势的那个时候，你就会显的更有说服力。所以当你在走廊等人的时候，不妨给自己输入一个电子邮件或短信，回忆此前在你的生活中你曾经风光无限的所有时期，或者至少在乘电梯上楼的过程中，回想一下这样的时刻。

梅花♣7——控制权

基本理念

我们在阿什里奇商学院运用的一个心理测量工具专门测量控制这一要素。具体而言，就是测量管理人员希望得到多少控制权，他们又体现出多少控制权。对于下面这一点你也许不会感到意外：规范数据表明，管理人员往往要求获得更大的控制权，而不大愿意受到别人的控制。读到这里，你可能也会开始倾向于控制别人，不愿意将控制权交出去。

实践

下次在计划发生变化时你要是觉得渐渐失去了控制，可以尝试着调整你的控制范围。在我参加过的一个建导（facilitation）培训班上，每个小组都必须建一个跷跷板。这样做是为了体现培训班的中心旨意。这一举措果然奏效。现在我可以自豪地告诉你，过程是平衡任务与人的重要支柱。任务、人与过程。情况的确如此，你总是可以控制这三者当中的一个要素，即使只有你自己。因为所有的工作都要处理好任务、人与过程之间的平衡关系，如果你在其中的一个要素上受挫，可以将注意力转移到你能够施加影响的那个要素上。

也许任务的最后期限改变了。你是否可以影响工作的范围或质量，或者就工作人员投入的时间进行磋商？也许有人使你感到失望。如果你再也找不到他们，你是否可以重新商议工作的最后期限或者工作应该干到什么程度？你是否可以重新找到客户，将过程讲清楚，这样你就能够找到替代方案？也许你正在写的报告需要添加很多你没有包括进去的分析内容。你是否能够将最后期限延长，或者寻求更多的帮助？面对变化很难做到立即随机应变，但是运用智慧影响那些可以变动的因素，这样会使你最后看到希望，而不仅仅是痛苦。

梅花♣6——庄严的举止

基本理念

身居高位者所具有的一个最让人琢磨不透的特点就是庄严的举止。不过由于以前接触过很多领导者，我认为我已经为你揭示出了这种真相：这基本上关系到供求关系。一般来说，"明智"的人言语不多，因而他们说出口的话似乎更加重要，也是深思熟虑的结果。他们也许一直在默默地策划周末的活动，而当他们开口讲话时，我们都特别兴奋，认真倾听他们讲出的每一句话。

实践

当你下次需要表现出庄严的举止时，应尽量减少有意识这样做的程度。如果你更喜欢内向的性格，你就会占有很大优势。要不然，在开会时你就应该约束自己，将你要插入的话写下来，暂时不要说出去。如果在开会期间没有任何人讲出你要表达的观点，你就可以及时地加以提醒，或者做一次振聋发聩的总结发言。最为引人瞩目的做法莫过于说一句字斟句酌的话："我们遗漏了一些重要的问题"，或者"在我看来，我们面临着三个重要挑战"。

如果你想走进王宫，那就看一看女王。她身边的一切似乎都慢了下来。有权势的人都能够使时间慢下来，在自己的周围创建空间。既要从容不迫，又要占有一席之位，你很希望在会上入座的位置颇有一番讲究：坐在主席位的对面或斜面可以影响他们；坐在主席位的旁边可以影响其他人。要提出问题，因为问题可以使人思考。如果你能够使人思考，他们就会认为你是个明白人。

梅花♣ 5——姿态

基本理念

你是否注意到一个人走路的姿势有多特别吗？在你还没有看清楚朋友的脸之前，你就可以认出从远处向你走过来的朋友。那是因为我们的身体有自己的突出特点。专业演员必须善于再现人体的突出特点，尤其在舞台表演中，因为观众不可能看到你脸部的每一个细节。特别是演员数量不多，而且扮演的人物又很全面的戏剧更是这样。你如何从扮演一个孩子过渡到扮演一个老夫人呢？在一定程度上是通过服装，但是主要是通过体态表情的表演。同样，从扮演一位仆人到扮演一位国王，也需要体态表情上的调整变化，向观众示意你扮演的新角色是真实可信的。从这些技巧当中，可以吸取有关沟通交流的一些经验。在极端情况下，如果你扮演的角色社会地位低，你就要处处演得低三下四：占有的空间小，表情和说话的声音均带有不自信的踌躇特点，一心要取悦于别人。相反，如果你在观看演员们扮演皇室成员或政治家时，他们往往占据很大空间。他们让一切都慢了下来，说话时有意故作姿态，慢条斯理。如果你正在观看的电影或电视节目中服装并没有显露出人物身份，可将音量调小一些，这样你就可以看清人物之间的交往情况。你可以从看到的情况当中猜测不同人物的地位、权力和所属社会关系。在下一次开会休会期间，你可以站到阳台上，注意观察人们的行为表现。

我们喜欢将自己的话语想象得比我们的身体特征更重要。不要让有关身体特征的无意识偏见愚弄我们，使我们表现出歧视性的行为。但是，你的行为举止会明确地体现出你的为人特点。你可以通过改变自己公开露面时的言行举止来改变你留给别人的印象。让我们具体地重点关注你可以如何表现出自信的行为。因为如果你表现得自信，别人才会对你有信心，这样便形成一个良性循环，最后使你更加自信。

哈佛大学的社会心理学家艾米·卡迪（Amy Cuddy）是这方面的一位权威。她的TED演讲视频观众超过3.4亿，一直名列排行榜前20位。她写过一本名为《存在》（*Presence*）的著作专门阐述她的思想。简而言之，她的研究表明，人类（以及其他动物）在比赛或竞争中获胜后，都会自动地举起手臂庆贺胜利。即使他们双眼失明也会这样做。她发现，如果你在参与一个活动前举起双臂呈"V"形，下巴抬起，这样就会提高体内的睾丸素浓度，降低皮质醇浓度。如果你拱起肩膀查看手机上的电子邮件，就会出现相反的情况，因为这是一个体现较低社会地位的姿态。她指出，我们摆出的身体姿态可以影响我们的情绪。所以如果我们感觉处于不利境地，就应该"一装到底，直到装假成真"。幸运的是，我们可以先在洗手间里装出一副强势姿态，然后再大摇大摆地走出来。

你运用的肢体语言必须同你的言辞和语气相互配合，这一点很重要。如果你的言辞跟不上，只是摆出无所不能的架势，那也毫无意义。也许你会想起描写发怒之人的动画场景：面色怒气冲天，双臂交叉，咬着牙恶狠狠说出一句"我没事"。众所周知，我们每次都认为肢体语言和语气比言辞更重要。1976年麦格克与麦克唐纳在发表于《自然》上的一篇论文中，通过麦格克效应（McGurk Effect）对此做出了解释。他们发现，如果在你播放的录像中一个人发出的声音不同于配上去的声音，那么视觉效果会盖过听觉效果，前者碾压后者。这从另一方面印证了经常被引用的阿尔伯特·梅拉比安（Albert Mehrabian）的研究成果，他在研究中探讨了语言信息与非语言信息对人际交往过程产生的相对影响程度，表明我们从非语言线索中获得了言辞背后所潜藏的大部分情感意图信息。所以如果你讲了一些表示自信的话，但是却看上去并不自信，人们就会怀疑你，因为这两者之间相互矛盾。

实践

这方面一个立竿见影的诀窍？如果你站起来接电话，就会更有影响力。

在你下一次等待开会或者准备发言时，从头到脚都应该显得自信，均衡地分布体重，昂首站立。双脚直指前方有助于身体保持笔直姿态，从而在别人看来你本人就显得"直来直去"。注意你的膝盖和腰部，使躯干和两肩保持恰当的姿态。放松肘部，下巴略微比平时抬高一些。采用腹式呼吸法而不是胸式呼吸法。当你感到紧张时，只倾听自己的呼吸，这会使你平静下来。

微笑，吸气，然后慢慢呼出。

在下次开会或参与工作活动时，仔细观察你周围的人表现出的肢体语言。你会注意到什么呢？

梅花♣4——着装

基本理念

你想过没有，灰姑娘在没有收到邀请的情况下究竟是如何进入舞厅的？如果你在博物馆里见过正式的宫廷服装，你就会明白为何那位仙女教母在服装上必须下那么大的功夫。在我们还未能通过谷歌找人的那个年代，判断陌生人是否"正经"的方式就包括观察他们的衣着。如果你穿的是宫廷服装，你肯定就是个正经人。这涉及节约法令（sumptuary law）[1]，此法自古有之。在罗马，只有皇帝或元老院议员才能穿紫色衣装，因为那种泰尔红紫色染料很受推崇。同样，在中国只有皇帝才能穿黄色衣装。伊丽莎白一世非常热衷于发布节约法令，她对于衣装的要求也很特别（参见同毛皮衣装有关的表5，其中显示出1579年6月15日当天的衣装）。

多年来，节约法令一直用于强化社会等级，目前已不再正式流行。但是在民间，这样的传统习俗仍然很受追捧，热度不减。绿色长筒靴？红裤子？珍珠？运动鞋？连帽衫？博柏利名牌服装？更不用说那些同穿戴下述商品有关的微妙社会习俗了：袖口链扣、手表与戒指、"老派"领带、设计师品牌衣装或高档配件。

---

[1] 13世纪至15世纪，为防止个人生活奢侈而限制服装开支的一项普通法律。——译者注

表5　毛皮服装

毛皮种类	有资格穿用的人物
紫貂皮	国王、女王、国王的母亲、子女、兄弟姐妹、叔父舅父与姑妈舅妈，嘉德公爵、侯爵、伯爵
黑麝香猫皮与猞猁皮	公爵、侯爵、伯爵及其子女，同嘉德贵族有关系的子爵、男爵与爵士，或者枢密院中的任何人士
豹皮	男爵的儿子、爵士、女王陛下的绅士侍从、驻外大使
除松貂皮与麝香猫皮以外的灰色毛皮	年收入为100英镑的男士、爵士的儿子
黑色毛皮（麝香猫皮除外）	大法官、司库、枢密院院长
松貂毛皮、灰麝香猫皮与小羊皮	每年生意额为300英镑的商人儿子及其继承人、家庭花销每年为40英镑的人

你已经听过我讲述的袖扣的故事，不过这里讲述的是同英国广播公司有关的故事。正当这家广播公司成为世界上最有创造力的机构的时候，他们的一些职员来到了阿什里奇商学院进修学习。我们探讨了地位这个话题，当然在英国广播公司这样一个非常民主的机构里不会存在地位问题。我斗胆表示，办公室着装的羊群效应往往会体现在这家广播公司的各个层面上。他们承认，原本从上到下一直穿着休闲式的服装，后来一些很有资历的同事又开始穿上西装，不再背双肩包。接着他们相互打量着。根据规定，在培训班上要穿商务休闲装。每一位男士都穿着马球衫、工装裤、博肯（Birkenstock）真皮拖鞋，戴着Storm牌手表，无一例外。为数不多的女学员穿着也非常相似。没有人送过装箱单，他们只是在露面时穿着都一样。他们为何对这些特定的品牌情有独钟呢？

英国广播公司的一位大佬（alpha male）引领潮流，然后他们全都无形之中跟风模仿。当然他们也觉得羞愧。

不要以为这仅仅是着装风格的问题。英国社会流动性委员会认为，这会对职业发展产生真正影响。他们在2016年6月提出的那份报告《生活科学与投资银行业务中的社会经济多样性》（*Socio-Economic Diversity in Life Sciences and Investment Banking*）中，又引起了人们对于"棕色鞋"问题的关注。你是否听过"永远不要穿棕色衣装进城"这句俗语？显然，求职者在城市里找不到工作并不是因为他们在面试时穿了棕色皮鞋。不过要记住，如果灰姑娘的穿着不得体，她就不会遇到英俊的王子。

实践

在你的工作单位和部门正在实行哪些同地位和着装有关的游戏规则？记住，如果你们没有在玩地位——着装方面的游戏，那就是在玩"我不玩"的游戏。不管怎样，得分就意味着得奖。如果你想在开会时或在某种特定场合下提高自己的地位，有很多屡试不爽的好方法。以前这涉及佩剑和勋章，而如今则往往涉及表6当中列出的物件。每一项可得一分；在专业背景下，应该努力获得9分左右。

在此需要解释一下。那些读到这里而平时不喜欢刮脸，或者也不化妆的读者，也许会觉得已经被这个列表定性了。请不要担心，因为表中没有强制性项目，只有累积性的结果。你可以通过加分来提高自己的地位，条件是只要你遵守"当地"标准，不做得过分。我们全都见过穿着过分的情况，所以基本规则就是穿着要符合具体场合的要求，根据需要将地位提升一格（比如在发言或求职面试当中）。这一切都关系到穿着得体，符合具体场合的需要，以便使人们正确地对待你。男士们的选择略微少一些，也许需要使用一些能

131

够提升派头的辅助物品（比如同具体场合相匹配的"合适"写字笔或智能手机）。因为男士无法通过化妆来调整肤色，因此特别需要穿上一件颜色同面部肤色接近的衣裳来美化自己。

看过这份清单后，你就会兴味盎然地要确定出在你的工作环境中围绕着衣着、品牌和配件所展开的权力游戏。如果你让人们画出本工作单位典型的"资深人士"画像，那么看到人们取得共识的程度从来都是一个有趣的现象——我们凭直觉都能了解其中的规则，即使我们不知道自己是否会追随他们。

表6　得分点

女士	男士
化妆	剃光胡须/修剪整齐的脸毛
戴戒指	戴戒指（最多两枚，结婚戒指与图章戒指）
短上衣	短上衣
围巾	领带
胸针或饰物	口袋巾（放在胸袋里的手帕）
手表	手表
耳环	圆形领扣
项链	正装衣领
手镯	重量适宜的衬衣（两成纯棉）
女鞋（智能型或装饰型）	抛光鞋（皮底）
颜色（每种1分，共3分）	颜色（每种1分，共3分）
修指甲	双手洁净（指甲没有咬过）
优质女袜	优质男袜
腰带	腰带
眼镜	眼镜
戴女帽或采用明显的发饰	戴男帽或梳理好头发
手包	马甲或智能公文包

梅花♣ 3——服装色彩

基本理念

你是否请人为你设计过个人色彩形象？也许这方面最著名的公司就是美丽本色（Colour Me Beautiful）、色彩咨询（House of Colour）与美丽效果（Colour Affects）等色彩咨询公司。不过此外还有数百家这样的咨询公司。幸好他们依据的都是同样的核心理论。为了让你开心起来，显得非常健壮，他们均以亚里士多德的理论为基础。亚里士多德当初将蓝色和黄色确定为通用核心颜色，因为蓝色是黑暗中出现的第一种颜色，黄色则是光明中出现的第一种颜色。因此广袤的太空看上去就像蓝天一样，而太阳那耀眼的白光看上去则泛出黄色。你是否适合黄色或蓝色，这决定着平时什么样的色度适合你。不同的色度又分成调色板上的亮色或暗色两大部分。

里特尔（Rittell）、歌德（Goethe）以及德国包豪斯学校在色轮（colour wheel）和色彩分类上所做的全部艰苦工作，目前均被品牌与设计行业当作赚钱手段，用于室内装饰，用于为演员设计合适的服装，使他们可以表现出特定的内涵。对此你可能会不以为然，将其视为20世纪80年代哗众取宠的行为；你也可以为自己积攒一笔钱，请别人为你设计个人色彩形象。这会使你的眼睛省事不少，让你在购买或选择衣服时节省时间，还会使你避免花钱买一些穿起来难看的服装。我可以根据自己的理想色彩标准购买服装，有些商店或服装和我毫无关系。我并不关心这是否绝对正确有理，但这意味着我拥有的一切要同其他一切搭配得当，使我看上去穿着得体有品位。

实践

如果家里光照条件好，自己可在家里做实验。先将黄色，然后将绿色的物品贴在脸上。仔细观察每一种颜色对你的眼睛、头发，特别是肤色所产生的影响。了解到哪种颜色适合自己后，再找出明亮或暗淡的暖色或冷色物品试一试。红色是中性的，而冷红色则是那种含有较多蓝色成分的红色（深紫红色和紫色）；暖红色则是那些含有较多赤土色或黄褐色成分的红色。如果你能够找到一位色彩咨询师相助的话，投资是值得的，因为你会得到额外的建议。但是选择并坚持采用任何形象色彩，可以保证使你看上去总是穿着搭配合理。一般来说，蓝色适合搭配银白色，黄色适合搭配金色。真正适合穿黑色服装的人并不多见。

颜色的意义是相对的，在很大程度上受文化与具体情境的制约。但是在西方的工作环境中，有一些选择服装时应该认真遵守的传统准则。黑色、灰色与海军蓝是商务色；蓝色表示信任；绿色代表创造；紫色代表镇定；红色或粉色代表信心；黄色或橙色体现着活力与乐观。如果是一次性的见面，比如面试或者在运动场所，不妨做出这样的评价："我喜欢那位戴着有斑点图案领带的男人"，或者说"我喜欢那位身穿紫色短上衣的女士"。

梅花♣ 2——社交媒体

基本理念

我在前不久赴任的工作岗位上惊讶地发现，网上已经对我开展了大量的预先研究活动。除了我的简历与求职信之外，研究公司与提名委员会还能够在推特（Twitter）、脸书（Facebook）以及领英网站上了解到我个人的当前全部情况。他们还可以读到针对我的各部专著所写的评论，甚至能够读到这些专著——全都通过谷歌快捷搜索工具。联合研究中心发现，每三个人当中就有一人立刻上网搜索有关他们刚刚听说的那个人的信息，或者考虑这样做。因此你已经完全失去了对自己的个人品牌的控制。无论过去你是否明智，都可以使自己的在线个人形象更加准确地代表着你现在的职业身份。

实践

首先，你需要通过谷歌和必应（Bing）网站来搜索有关自己的信息。然后再阅读每一个条目，至少要将提供的各种形式的内容（包括图片、新闻、录像等内容）看过三个页面。喜欢你看到的内容吗？这些内容是否体现出你希望未来的雇主或客户看到的个人形象？你如何对此加以改进？

个人品牌领域的专家与作家娜塔莎·考特耐–史密斯（Natasha Courtenay-Smith）建议，你应该占据搜索结果的整个第一个页面，这样那些上网了解你本人情况的人就会很快搜到可靠信息，不用再进一步查找资料。应该传到网上的个人信息包括：

- 你的工作网站；
- 你的社交媒体个人资料；
- 任何正式的个人资料；
- 你发表的，或者有关你本人的任何书籍或出版物；
- 你举办过的任何讲座；
- 你荣获的奖项或者受到的表彰；
- 最近参加过的你本人有突出表现的任何活动。

上述内容大多在你的掌控范围内。因为搜索引擎重视最近发布的信息，你可以及时更新在线的个人信息和活动情况，将那些不太受关注的过时内容删去。你也可以将出现在重要新闻出版物中的个人信息上传，增强有关内容的权威性，进一步吸引观众，加强竞争力。如果你以前的一些个人信息出现在了僵尸网站上，可以将其删去。

娜塔莎还提出了一些增强个人在线影响力的重要建议：

1. 经常更新你的网站或者在线公司信息，通过社交媒体吸引观众；

2. 至少要在两个社交媒体上发布当前的个人信息，并将你的个人信息页面全都连在一起，这样可以自动地相互更新；

3. 参与业内活动，向业内网站投稿；

4. 在其他网站上亮相，即便仅仅是校友页面也可以；

5. 搜索引擎结果重视发布信息的近时性、相关性和权威性。因此，在互联网上发布的信息要体现出这三个特点，它们很快就会显示在你的搜索关联内容上。

所有这些都需要时间，但是你也许并没有这么多的时间。因此就得动些脑筋。你在互联网上是否可以采取一箭双雕的措施？比如在浏览的过程中，可通过推文重新发布新闻内容，把你同客户讲过的观点上传到网上，或者上传一些你正在参与的研讨会上的有趣照片。我想你肯定不会穿着破衣服去参加面试。所以你至少应该多花费一些时间修饰一下你的网上形象，就像你在线下悉心关注仪表那样。这关系到你是否能够接到面试邀请。

第八章　13× 黑桃牌：巧妙通过他人完成工作

黑桃牌是你要通过别人完成工作时需要掌握的工具和技巧。有些黑桃牌涉及依靠扩展人脉等形式投资于未来的发展潜力；有些黑桃牌涉及通过分配工作的形式自由履行领导职责的问题；还有些黑桃牌涉及如何在解决问题和工作表现上充分发挥身边那些人的潜力。阅读这部分内容时，请利用下表给自己评分。

表7　黑桃牌

黑桃牌		RAG	下次练习的机会
A♠	艰难谈话		
K♠	处理数字		
Q♠	创造力		
J♠	解决冲突		
10♠	保持竞争力		
9♠	授权		
8♠	沟通		
7♠	演讲		
6♠	会议技巧		

续表

黑桃牌		RAG	下次练习的机会
5♠	扩展人脉		
4♠	得体应酬		
3♠	神秘客户研究		
2♠	MECE		

黑桃♠ A——艰难谈话

基本理念

众所周知，有些谈话我们本应尽力而为却又很想回避。我们还知道，回避艰难的谈话会使情况变得更糟，向其他每个人传递出一种负面信息。如何才能开口说话呢？这一技能明显同实践过程有关。如果你已经有过各种艰难谈话的经验，你就可以有许多现成经验可以借鉴，因此在直视那位难缠的谈话对手双眼时，你也不会感到非常惊慌。

艰难谈话通常会涉及如下三类内容：有关工作绩效的不愉快信息；表示拒绝，或者提出一些难以满足的要求。

我们讲过"跑得最慢的斑马"，这类人既分散管理精力，又拉低团队的整体绩效。如果你不创造一种提倡健全讨论与反馈的工作氛围，这种谈话只能变成艰难的谈话。花费时间创造那样的工作氛围，就会用更少的时间去处理那些你原本可以及早解决的事情。养成良好的反馈习惯，今后就可以稳妥地应对艰难的谈话。同样，挺身而出去参与这样的谈话可以有效积累经验，今后会使这样的谈话变得容易多了。即使一开始遇到一些小麻烦，也值得努力尝试磨炼自己的技能。对于打断你说话的人，你要说："请让我把话说完。"对大叫大嚷的人，你要说："有些人还没有开口说话，我们怎么能知道他们的想法？"对于办事拖延者，你要说："眼看就要错过最后期限了，我们能不能商量好一个办法，在你眼看就要错过最后期限的时候及时地提醒我。"今后你也会遇到关于宠物的麻烦，你可能干脆不再喂养它们，现在就处理掉。但是要记住有关踏步不前的类型与需要能量的理念——如果都涉及你，那就是出了问题。

有两点可以帮助你提高这方面的技能。一个是旁观学习，另一个是散步。我们已经讲过旁观艰难谈话的人会出现心率加速的情况。所以你可以陪伴一名同事去见难缠的客户或者开展艰难的谈判；或者在同事的职业发展过程中，你可以指导他们在与别人会面时表现得更加稳健；或者自愿参加公司内部的培训活动，通过观察别人发挥才干来提高自己的能力。散步是另一个对你有帮助的方法。我们在走动时，大脑的工作效率会更高（这是人类远古狩猎采集时代的返祖现象），所以边走边谈，会提高你的理解认识水平。在谈话变得尴尬或者有可能使人情绪激动时，散步则让你难以看到对方的脸色。因此家长非常愿意开车接送孩子，因为车内暗淡的光线以及较少的目光接触有利于他们畅所欲言，而在面对面交谈时却无法做到这一点。在户外散步不必时刻控制情绪，这样便可以将省出来的心思放在谈话中。同办公室里反复呼吸的空气相比，散步时从新鲜空气中吸入更多的氧气，这会更好地促进大脑的思维活动。合理安排的散步不会占用很多时间，而且最后双方可在附近一个咖啡馆里坐下来商议下一步行动，或者让对方有时间去外面仔细思考一番，然后再回到办公室里。

在我们阐述过的所有技能当中，这是一项非常重要的技能，所以称得起是一张黑桃A，这是最终的训练结业项目。如果你能够根据需要恰到好处地参与谈话，你面临的许多挑战就会迎刃而解。

实践

下次你需要拒绝对方时，可按照个人影响力专家萨拉·卡特赖特（Sara Cartwright）提出的如下有效建议去做：

・说出对方的名字；

・承认他们的要求；

・"我表示拒绝"；

・只给出一个理由；

・尽可能提出另一个解决方案。

符合这一情景的谈话也许会以下述方式展开："克里斯，我知道你想让我加班完成这份报告。我表示拒绝，因为我必须回家安顿孩子们上床睡觉。不过我可以让萨拉为你完成这份报告。我明天一上班就检查报告内容，然后再把它发出去。"

下面是一个很好的练习形式，可同你的孩子和那位经常找你帮忙的人一起演练。重要的问题是相似的：

・说出那个人的名字；

・承认你的要求也许有难度；

・"我想求你……"；

・只给出一个理由；

・在其中向他们提出要求。

例如，实际情景可以是这样的："乔，我想求你帮我个大忙，让我主持明天会上的客户推介活动。对于我来说这是一个好机会，我可以听一听你对我的工作表现有何评价。我很高兴和你演练一下，希望这样能够使你更加满意。"

像所有日常工作一样，上述两种活动在成为习惯之前总会让人不好意思开口。因此值得一开始就采用这个固定模式，练到驾轻就熟时自然会有话说。你何时可以再尝试一番？

黑桃♠K——处理数字

基本理念

使重要谈话变得更有意义的一个快捷方式是：凭直觉理解一个商业模式如何有效运作，正在探讨的是哪些促进因素，什么会对结果产生最大影响。但是，在同数字打交道方面，我是最差的顾问人选，同时我也许是最佳人选。因为我一看到数字头脑就不灵了。具有讽刺意味的是，数学是我在校学习时的最强项。我在攻读 MBA 学位期间统计学拿了最高分，也许因为我当时必须努力用功。所以现在如果有必要，我也能承担这方面的工作任务。你必须具备这个能力，因为这关系到管理风险的问题。如果你现在做不到，只能永远依赖财务主管。如果你找错了人，就不会有好结果。

实践

如果你已经具备同数字打交道的能力，恭喜你！现在赶快去辅导那些还不具备这种能力的人。如果你现在还不擅长同数字打交道，应该立刻开始学习掌握这种技能。我为此曾经送出去好几瓶葡萄酒，以前我经常麻烦做财会工作的朋友帮我处理年度报告。审计人员会查找造假之处，他们在揭露数字造假方面非常在行。如果你掌握了同数字打交道这项技能，你就永远能够将苹果与梨进行比较，就不会提出一些有关绩效的尴尬问题。数字只不过是讲故事的语言。所以先找一个人把故事讲给你听，然后将故事同数字联系在一起，这样你就可以看出眉目来。

首先，你可以看一下本单位的年度报告。如果其中有什么你不理解的内容，找一个会计部门的工作人员帮你解释疑难问题。回顾近5年的情况，你是否可以根据自己在那里的工作经历看出一些固定模式和趋势？如果你们的公司上市，你是否能够看出股票的走势？你也可以下载重要竞争者或供应商的年度报告，如果他们也从事公共领域业务的话，你从他们的报告中能够了解到什么？你是否可以将每年的绩效进行比较，从中猜测出这些数字背后的内幕？

黑桃♠Q——创造力

基本理念

发展战略的一个定义方式是：将其视为组织在思想上超越竞争对手的能力。因此我将创造力列为本节阐述内容，而不是乏味地重谈一些发展战略工具。我非常重视你的思维质量。在近10年里，我们将重点放在了提高领导者的人际沟通技巧上，却严重忽略了如何提升他们的思维能力。创造力可以有效激发被日常业务纠缠住的大脑活力。

"有创造能力的人"常常被视为衣着光鲜、很有远见的特立独行者。即使组织当中有这样的人，也会让他们远离核心业务。创造力专家安妮特·墨瑟－威尔曼（Annette Moser-Wellman）只是将远见视为创造力的一个方面。她在自己提出的"天才的五张面孔"模式中，称这张面孔是先知，即能够洞察事物的人。这样的人常有奇思妙想，新意迭出，就像房地产开发商能"看出"旧废墟的市场潜力一样。《哈利·波特》的作者 J. K. 罗琳曾经谈到在神奇的一天乘坐火车南行时，她"看到"哈利·波特也坐在车厢里。墨瑟－威尔曼还确定出其他四张"面孔"，有一张面孔是圣人，即依靠简化事物，通过现象看到本质的方式进行创新的人。一切从简型航空公司将他们的整个业务模式均建立在圣人这张面孔上。

第三张面孔是观察者，即通过关注细节进行创新的人。理查德·布兰森（维珍集团创始人）注意到，经常乘飞机的人最感到头疼的就是去往机场的路程。于是他便推出了配有专职驾驶员的豪华摩托车服务，快速穿过来往车辆，将乘客提前送到机场检票台。苹果公司也以关注细节而闻名。在为新版本的苹果笔记本电脑配置语音听写功能时，苹果公司自动降低了内部风扇的旋转速度，使电脑更清楚地听到你的声音。智能手机数模整合技术、非接触式支付卡，甚至顾客忠诚购物卡上的钥匙圈，也体现出这些企业在细节上注重创新的特点。

第四张面孔是综合不同创意为企业"炼金"的炼金术士。大奥蒙德街（Great Ormond Street）医院的医生拜访了法拉利与迈凯伦跑车组成的F1车队，向他们的后勤维修人员严密协作团队学习取经。在分析从手术室将患者转移到重病看护病房的情况时，他们成功地将差错率降低了40%。拼接式地毯生物仿制创新技术则是这种思维方式的又一个例证。这种技术利用森林地面图案，设计出可以任意组合的铺设地毯模式，极大地降低了铺设时间和成本。

墨瑟-威尔曼确定的最后一张面孔是傻瓜，这种形式的创新依靠荒诞的创意，或者颠覆性的做法。据说，当伦敦警察厅想要提高抢劫犯逮捕率时，有人出了个高明的点子，建议他们只要求抢劫犯将赃物交上来。同事们笑过之后便将其付诸实施，开展了"野蜂行动"。这一措施的确提高了他们的逮捕率，因为他们同当铺密切合作，将前来交出赃物的抢劫犯逮捕归案。在伦敦，许多地方当局一直致力于图书馆的创新改造工作。我小的时候，图书馆都设在气派的大楼里，走上一排排楼梯，就会看到丰富的藏书。里面非常肃静，还摆着告示牌，上面写着"此处禁止饮食"。我上学的时候，图书馆均对外开放，只是到达那里有点费力。如果你想利用本地的多个图书馆，就必须分别办理借书证。假如你将所有这一切统统推翻，那就同陶尔哈姆莱茨创意商店的概念不谋而合。为方便读者，具有特定功能的图书馆同各种店铺建在一起，开馆时间也延长了。图书俱乐部里提供葡萄酒，鼓励读者前来热情参与；现场就有咖啡店的各种合作活动吸引着人们流连忘返。大家交谈热烈，馆内电脑设备充足，藏书丰富。读者还可以办理全区通用的电子图书卡。在伦敦纽汉姆区，采用这种方式使图书借阅率提高了239%。

墨瑟-威尔曼于2013年逝世，所以她在书中所做的告别演讲更能引起人们的共鸣。她的观点是：创造力是我们的天赋与职责，想方设法发挥出创造力会使我们感到充实快乐。她将这一点比作调动灵魂去工作，因为她觉得创造力的源泉就是作为我们古老印记的天赋之井。任何人只要能够驾驭自己的想象力，都能够发挥出不俗的创造力。对于管理人员而言，他们的工作领域能否创造奇迹就取决于员工们是否是创造型人才，是否能够关注细节，提出很有深度的问题。在这种情况下，"五张面孔"模式会给人以相应的警醒和启发。通过任何一个或所有这样的渠道，任何人都能够发挥创造力。

实践

下次你想针对一个问题或挑战展开不同的思考时，尝试一下依次运用这几张面孔，看看它们会对你有什么启发。一般来说，每当我们谈论创造力时，都会运用一些视觉词语，比如以不同的方式看问题，通过不同的眼光或者眼镜看问题。因此，当你在某件事情上思路不畅、止步不前时，获得创造力的捷径就是采取任何使其显得有所不同的措施：改变事情本身，或者改变你自己。以前常用的一个校对技巧是改变字体，使内容显得生疏一些，这样就必须读得更加仔细。离开办公桌片刻，或者向同事征求建议，均有助于改变看问题的视角。运用"五张面孔"那样的分析工具，或者将问题画成图画，或者从另一个角度看问题，也具有相同的作用。因此如果你看不出解决方案，就应该改变你看待问题的方式。居高临下看问题，多角度展开思考，直到答案自动浮现出来。

黑桃♠J——解决冲突

基本理念

我们从小所受的教育使我们相信冲突不是好事，但实际上冲突具有启发揭示作用，可以有效地促成创新，有助于更好地解决问题。其中就包括硅谷以前经常提到的"冲突资本"，即一个组织有能力保持一定的差异，以便使新的思想浮现出来。分析人员又可以利用这一点作为评估创新环境的一项指标。虽然有关多元化集团卓越业绩的研究数不胜数，但是有些组织仍然不易取得这一微妙的优异成果。他们发现，差异很容易变成困难。

分析人际冲突的经典理论模式是托马斯-吉尔曼模式（Thomas-Kilmann model）。这种模式由肯尼斯·托马斯（Kenneth Thomas）与拉尔夫·吉尔曼（Ralph Kilmann）在20世纪70年代提出，如今仍然显得出乎预料地深刻，一直得到最新主流博弈论的支持。大体上来说，他们将两种行为进行了对比：果断与合作。这两种行为的不同组合与影响层面产生了不同的冲突解决模式。如果你既不果断又不合作，应该回避；如果你以合作为主，就应该忍让；如果你既有些果断，又有些合作，就应该妥协；如果你的果断程度很大，则应该开展竞争；如果你的果断与合作程度都很大，应该开展合作。每一种模式均有各自的作用。你需要善于选择运用每种模式背后的积极因素，妥善处理冲突。

当然，正如我以前的同事维罗尼卡·伯克（Veronica Burke）常说的那样，在所有这些情况中，情绪是一个混淆变量。当你勃然大怒，并注意到有机会击败对手的时候，你很难冷静地选择一个模式。因此，当你注意到冲突，而冲突又不会直接影响你时（比如发生在同事或部门之间），这就是一个很好的锻炼机会。磨炼调解能力可以使自己得到间接发展，有助于你培养应变能力，有效解决对你个人有直接影响的冲突。

你可能会经历"认知限制"的情况，即倾向于以黑白分明的态度看待一切。这是对于威胁做出的一个正常而善意的神经生物学反应。这也是为什么在处于逃跑状态时，我们的视野变得狭隘的原因。此时我们的"爬虫类大脑"（reptilian brain）正在激励调动认知资源，使我们能够绝处逢生。然而大多数日常冲突并不危及生命，即便我们的身体习惯于做出面临这种情况时的反应。认知限制同有效领导行为格格不入。此外，它还同非常消极的抑郁欲自杀状态，以及恐慌无力的感觉有关联。冲突研究专家萨拉·萨维奇（Sara Savage）在看待宗教观点冲突上赞同托马斯－吉尔曼模式的思路，将她所说的"整合复杂性"（integrative complexity）视为最佳对策。这大体上相当于西奥·道森提出的纵向发展概念。我们在前面阐述过这个概念，它要求领导者能够处理更加多样的观点与模糊性因素，同时还能够做出明智的决策。你越是磨炼自己的"消极能力"，即能够在早餐前相信几件不可能办到的事情，你就越有能力处理好冲突。能够暂时有意不做出判断，特别是在遇到压力的情况下，是一种非常重要的根本领导能力。

实践

下次当你与同事出现了意见分歧时，首先要锻炼自己的评判能力。这是一场值得一拼的战斗吗？处于紧要关头的是什么？什么样的价值观陷入对立状态？是否还有更加深层的共同价值观，预示着可以解决冲突？这种"远大目标"概念就是托马斯－吉尔曼模式为什么非常有用的原因。他们提出的合作模式基本上就是强调远大目标，强调建立共同点，取得双赢解决结果。我们从博弈理论以及影片《美丽心灵》（*A Beautiful Mind*）解说的纳什均衡（Nash Equilibria）中了解到，力争找到双方都满意的解决方案是取得最佳结果的上策。从量化角度来说，这就意味着使馅饼变得更大，而不是将精力放在如何瓜分馅饼的谈判上。

遇到意见分歧时，看看你是否可以跳出圈外进行调解，而不是被局限在其中的任何一方。认真研究一下分歧意见。各方都在力争保护什么？意见分歧使他们的哪些方面受到了攻击？常常是一种备受珍重的价值观正受到损害，爆发冲突就是为了力争恢复这种价值观。你是否看到有什么出路既可使各方坚守自己的价值观，又可使他们找到解决冲突的共同点？你是否可以让各方谈一谈他们感到不开心的原因，一直谈到某种共同点清晰地显现出来？当然，并非一切事情都能得到解决。你要做的贡献并不是解决冲突，而是帮助各方如何在面对两种对立"真理"的情况下相安无事，共同商讨出应对未来意见分歧的方略。

黑桃♠ 10——保持竞争力

基本理念

任何一位希望提高业务水平的领导者均面临着这样的困境：是应该集中精力改正缺点，还是应该努力增强优点？前者的问题是纠正缺点会使你变得平庸。你的缺点对你的事业也许有影响，也许没有影响；它们也许表明你入错了行，结交的人也不对。如果反馈信息表明有什么事情在托你的后腿，应该全力以赴加以解决。在其他情况下，你应该多多关注自己的优点。这其中的道理来自经济学上的比较优势概念。

经济学家戴维·里卡多（David Ricardo）在1817年解释比较优势时运用了英国、葡萄牙的酒与布匹实例。但是其中的理念可以说得更简单一些。据说温斯顿·丘吉尔是个很有天赋的砌砖能手,但是他也是一位很有天赋的政治家与作家。当他需要筑墙时,就选择花钱雇用建筑工人为他筑墙,尽管他本人有可能比他们做得更好。他这样做很明智,因为他可以将时间用在他具有比较优势的政治活动上。如果他亲自动手筑墙,就不会有时间参与治国大事。由于不愿意失去这样的重要机会,砌墙就显得毫无吸引力了。

天主教社会学说也有类似的主张,叫作辅助原则,要求事物在正确的层面上运作。欧盟条约第5条规定,辅助意味着做出的决策应该尽可能贴近公民。找准正确的层面,发挥自己的比较优势,这是将自己定位为高效领导者的最佳途径。

在我第一次参加工作时,我的老板跟我谈起了文件归档的事情。那是我决定周五下午要做的工作之一。当然我在这方面也很擅长,不过老板指出,我要是做了,就会抢走一名文员的工作;再说也会影响我做一些同我的工资待遇相称的更有价值的工作。作为一名领导者,你也可能为每一个人起草他们的电子邮件,主持每一次会议,做出每一项决定,参与每一次客户活动。但是你这样做毫无意义。你在浪费自己的精力,浪费作为一名领导者的才干。此外还浪费你身边人的才干,他们也想做好一天的工作。

要想保持领导者的竞争力,就必须保持自己的比较优势。这关系到如何有效利用自己的时间,将精力投放在适当的层面上。在此举一个相关实例。作为领导者,你有自己的绝对优势,就像泰格·伍兹在高尔夫球场、迈克尔·乔丹在篮球场上一样。作为戈登斯敦学校董事会的董事长,有些工作最适合我去做,这并不是因为我最擅长做那些工作,而是因为那些工作就应该由董事长来做。我也有一些很擅长做的工作,比如传授领导技能,但是这样的工作应该由学校教员去做,不应该由学校董事去做。因为喜欢炫耀自己的本事就把教员挤在一边,这样做也太任性了。同样,有的事情我根本不愿意沾边,比如查账，但是作为董事长我必须亲自去做。特易购集团首席执行官特里·莱希（Terry Leahy）在视察商店时经常亲手往各种货架上摆放货物。这并不是因为他觉得店员们干不了，而是因为这样做既可以体现出团结精神，又加强了个人品牌的影响力。

战略大师加里·哈默尔以正规的战略语言解释说，随着竞争者们在向下竞争（race to the bottom）的过程中对彼此的逐渐变化紧跟不舍，"我也要做"的战略对策不可避免地会导致"企业肥水外流"。各家超市之间的价格战就是一个很好的实例。那些竞争"势头不弱"，但是也一直重点经营本身比较优势的超市，从长远来看，这些超市往往可以成为比较强大的品牌，就像英国威特罗斯（Waitrose）与玛莎（Marks & Spencer）超市提供的食品那样，他们的竞争者强调价格差异，而商品战略对顾客的忠诚态度几乎没有吸引力，尤其在互联网购物正在兴起的时候。所以从个人与组织方面来说，应该谨慎地选择你自己的生活带头人。一定要有衡量自身技能的标准，但首先应该建立自己的一流标准，并不断地加以实施。你的优势就是你与众不同之处，而不是没有弱点。

实践

画两个相交的圆。一个代表你的职责，承担这一职责的人应该做什么；另一个圆代表不应该做什么。在考虑你自身优势与弱点的情况下，你应该为自己的职责设定哪些具体的限制条例。也许会出现难以确定的情况，但是要特别注意比较突出的问题。有些事情你是否应该选择去做，因为在其他情况下不会自然而然地让你遇到；有些事情你是否应该刻意不去做，因为那样做已经不再合适了。

一旦你将这样的想法运用在自己身上，你也可能要将这样的想法在你的工作单位中加以实施运用。比较优势要求你在能够产生最佳附加值的事情上多做努力。比较优势就是要开展内在的竞争,增强你已经拥有的任何才能,比如进化生物学上的"适应能力"。这不同于我们平时看待外部竞争的方式,因为发展计划是由人才自己制定的。战胜竞争者的冲动会将你限制在由他们设定的行动计划中,竞争只是模仿对手。如果他们裁员、外包或者降价,那么按着竞争优势的逻辑你也会这样做。而比较优势的逻辑却要求你重点关注你拥有最大优势的活动领域。

黑桃♠ 9——授权

基本理念

除了迪尔伯特(Dilbert)漫画以外,戴维·博尔肖瓦(David Bolchover)在 2005 年第一个站出来披露说,问题不在于有压力或工作负担过重,而在于工作究竟有多么单调乏味。正当"高层管理人员"马不停蹄地从一个重要会议赶往另一个重要会议时,他们身边的许多员工却在默默承受着单调乏味的工作,几乎到了要发疯的程度。从那时起,有关员工积极性与旷工率的盖洛普统计结果便每况愈下。根据当前的盖洛普调查结果,全世界员工的消极怠工率高达 87%,这对于任何地方的领导者来说都极为不利。如果你读过的员工调查报告同我一样多,你就会注意到业内一个普遍的现象:初级员工觉得高级员工对他们信任不够,不把有趣的工作分配给他们。如果你的员工真的很差劲,干脆辞掉他们;如果不是那样,就不要再霸着工作不放,立刻将工作分配下去。

如果你无法授权,也许是你的过错,也许是他们的过错。如果是他们的过错,就需要开展艰难对话,了解一下为什么他们不接受工作任务。或者需要为他们提供培训与支持，使他们有能力接受工作任务。但是从我多年在这方面与许多领导者打交道的经验来看，通常并不会出现放权分配工作的情况，因为领导者并不太想这样做。如果他们急匆匆要去度假，或者出现了紧急情况，他们甚至会把最棘手的工作任务放下。但是当业务恢复了正常状态时，他们又会再次超负荷工作。想一想如果你有更多时间，你会采取什么措施为你的工作单位做出新的贡献。如果你更善于放权分配工作，你就会做出新的贡献。

实践

放权分配工作的第一步不能急于求成，不能捡到篮子里就是菜，而应该先冷静地进行反思。如果你采取的是"引导、学习"（lead through, learn from）的经验法则，你就要思考是什么因素阻止你在日记本里写下你应该放权分配所有的工作；你应该采取什么措施保证你能够放权分配工作，至少在理论上是这样。如果你无法做到，你就会成为组织上的风险，因为一旦你遭遇什么不测，工作就会受到损失。

我想你的工作大体上分为以下几种：你必须做的事情，因为有人要求你这样做；你说过自己要做的事情，现在脱不开身；你非常喜欢做的事情；你宁愿自己做也不想分配下去的事情；你自己拖延的事情，却不好意思让别人承担……现在重新看一遍你的工作任务清单。如果你必须将清单上的一切都分配下去，写下具体分配的方法，然后为自己制定一个实现这个任务的行动目标。是否有能力很差的团队成员，你不愿意将工作任务分配给他们？你如何对待他们的工作能力？你是否过于忙碌，没时间去分配工作任务？你能否抽出一些时间在这方面取得进展？你是否可以明确你的计划，同你要给人家留下深刻印象的同事一起分配工作任务，使他们对你的领导能力，对你关心员工发展的做法肃然起敬？

黑桃♠ 8——沟通

基本理念

如果你有机会评估团队任务，或者调查员工，你肯定会有如下一个发现：人们认为在沟通方面应该做得更好。

所以在此特地提供一个当年我效力于德勤会计师事务所时运用过的核查沟通情况的方便工具。有一天我与同事简·法尔科尼-怀特在帕特尼的一个古老的戒酒楼里相约饮酒。当时我手捧着一杯啤酒，在啤酒杯垫的背面写下了这一套核查沟通情况的各项具体方法。你可以运用这套方法梳理沟通的框架，或者在出现问题时用它来找出问题的症结。这套方法的英文名称是ANIMATES，具体含义为声明情况（ANnouncement）、必要性（Imperative）、媒介（Media）、听众/读者（Audience）、把握时机（Timing）、环境（Environment）、发送者（Sender）。（参见表8）

实践

在你要做的工作清单上，哪些内容使你有机会在沟通中一展才华？我曾经运用这一工具评估过工作项目和团队沟通的情况，安排过报告内容以及要发布的信息内容。你可以利用它策划或评估任何沟通活动。在你急于发布重要信息之前，它是一个有效的脑力劳动备忘录。逐个运用每一项内容，确使自己思考周全。下一回它会从哪些方面揭示出你不履行责任的情况或盲点情况？

表 8 ANIMATES

声明情况（ANnouncement）：你准备说些什么？所用的语言是否合适？有意义吗？是否引人入胜？

必要性（Imperative）：你为何要发布这一信息？他们为何需要读到这一信息？如果你不将这一点讲清楚，或者没有任何充分理由，就不要期望他们抽出时间阅读这一信息。哪些内容同他们相关？

媒介（Media）：你准备通过何种渠道发布信息？你可能需要根据读者或听众的身份来变更发布渠道。有些人也许不会使用电子邮件，或者认为在国外接收语音邮件很麻烦。你使用的软件同接受者使用的软件是一样的吗？

听众／读者（Audience）：你是否可以根据沟通交流的效果，以及各自身份的重要性将他们划分成不同人群？也许他们当中有人喜欢接收群发的电子邮件，还有人需要亲自见面。

把握时机（Timing）：何时是发布信息的最佳时机？你需要每隔多长时间重复发布信息？你需要根据听众／读者做些变更吗？还要考虑时区、推特上的登陆高峰时间等因素吗？

环境（Environment）：你需要考虑当地在文化、行事方式上的哪些不同特点？我有一个高技术领域里的客户发现，数量异常多的员工天天查看那家公司的主页。这并不是因为他们都是优秀的公民，而是因为他们购买了各种股票，那家公司的主页上又恰好发布股票行情。所以如果使网页上发布的最新内容接近这种股票行情，那就会比发送电子邮件更能吸引大量员工。

发送者（Sender）：他们经常阅读由谁发送的电子邮件？谁需要发送语音电子邮件？你需要根据邮件接收者更改邮件发送者，或者通过可靠的发送者来强化邮件的影响力吗？端茶倒水的女工与司机传播的可都是小道消息。

153

黑桃♠ 7——演讲

基本理念

众所周知,演员劳伦斯·奥利弗(Laurence Oliver)经常会怯场,有时甚至呕吐完才接着表演。据说(也许并不可信)当别人问他如何应对时,他回答道:"找一位懂行的专家,希望以后能向他求教。"我并不认为有谁热爱演讲,或者演讲时不紧张,但是如果他们勤于练习就习惯了。当年我在阿什里奇商学院工作时至少教了4000个小时的课程。如果需要1万个小时才能达到挥洒自如的熟练程度,那么我在演讲时显得泰然自若也就不足为奇了,因为我几乎已经付出了一半的努力。我知道如果因为紧张而心率加快的话,只要站着就能好一些,因为这样我的大脑会加快工作速度。因此我不能准备过分,这很重要。否则我会忘词,因为我的大脑没有处于最佳工作状态。

我在攻读MBA学位时,戴维·特威迪爵士(Sir David Tweedie)担任会计标准委员会主席。他曾经走进教室里为学生举行过讲座,当然我们都很紧张。他整整讲了一个小时的会计标准,虽然之后这位专家一直开玩笑说自己演讲有多么乏味,但当时我们全都被他吸引住了。他还教给我一个树立自信心的诀窍:如果能首先正确看待自己,你就不会出局。我教的一位学生来自外交部,他有严重的口吃。他很担心在开会时出现口吃的情况,因此会上很少发言。我们设计了一个方案,让他在刚刚开会时读一段话,告诉人们他有口吃的毛病,并表示每当他对某件事的反应非常强烈时,他的口吃情况就会变得更加严重。所以,如果他一时说不出话来,希望大家可以等待,因为这表示他有非常重要的话要说。这样一来,他就不会紧张,也不会受到影响;即便他受到影响,大家也会等待他继续说下去。使自己处于脆弱的境地需要很大勇气,但是如果你甘愿冒这个险,你就会唤起身边人的仁爱精神。

实践

想想下次有机会做演讲时，你会怎样组织安排演讲内容？你可以花费很多时间和费用来回答这个问题。使用视觉资料、设计有力的开场白，然后是结束语。你肯定熟悉这三个演讲重点，因为你听过许多演讲。但是当你亲自做演讲时就另当别论了。因此，一定要认真组织安排你的演讲内容。你可以借鉴一句名言："对他们畅所欲言，毫无保留。然后再重复一遍你刚刚对他们讲过的内容。"最重要的是，做好充分准备。认真考虑你要让他们产生什么样的感觉。另外还要多多练习，使用手机给自己录像，或者让朋友帮你录像，这样你会熟悉自己所采用的手法。每次演讲过后都要征求反馈意见，借此逐渐了解自己的长处与短处。

你也许比自己想象的更优秀。最近有几次我觉得自己要死在讲台上，但是当我看到回放的录像时，却觉得自己非常冷静。如果你想走捷径，不妨开展新闻发布会式的训练。学会像在广播电视上接受采访受到攻击时仍然侃侃而谈，目前这是培养应变能力的最佳途径。因为我们最害怕的就是诘难性的提问，或者充满敌意的提问。你可以看出谁是新手，因为当他们面对听众当中冒出的恶劣人物或言语时，他们往往会大吃一惊，好似五雷轰顶一般。因此，要永远冷静地面对提问。如果对方所提的问题特别令人讨厌，应该将提出的问题再抛给提问者，以确定自己没有听错，也让自己有思考的时间。你可以请求其他人谈谈自己的看法，然后再给予回答。接下来你可以决定是当场直接面对，还是在线下回应，或者像政治家一样，说一句"这是一个很好的问题，使我想起了……"更好的回避策略是采用"借题发挥"的技巧。许多采访者已经习惯了遭到敷衍搪塞的情况，即使你要回避问题，他们也会穷追不舍，刨根问底。但是如果你在回应提出的问题，同时又迅速转到你想说的话题上，那么他们在重新提问原来的问题时就难免会显得粗鲁无礼。例如，你可以这样说："你问我在那个统计数据上做过什么研究。统计数据出自我最近读过的一篇文章。同时我还读到一个认同员工积极性会做出重要贡献的极好论点。如果你喜欢的话，我可以发给你。"

可以使用小道具，也可以讲故事，但是避免使用笔记。尤其不要将PPT用作你的笔记，因为那会使你自己与听众都感到厌烦。如果你确实需要笔记的话，应该勤加练习，避免摸找或分散听众注意力，只要解释一下即可，比如："关于这些内容我记了一些笔记，所以我不会说得离题太远。"或者讲一些类似的话语。还要有目光接触，要顾及房间的两侧（也许你会有一定的偏见以及相应的盲点）。不要只同房间里最重要的人物进行交流，因为你那样做大家都会看在眼里，他们会认为自己没有得到尊重。

黑桃♠6——会议技巧

基本理念

英国维珍集团的理查德·布兰森喜欢站着或走着开会；谷歌公司的拉里·佩奇将长时间的会议压缩到50分钟，中间可以休息，使每个人都准时与会；特易购集团在会议快要结束时会简短地开展"益处与问题"评议活动。论述高效会议的专著同论述领导力的论著一样多，但是我认为你肯定出席过很多会议，知道高效会议都有哪些特点。但是你知道应该如何最充分地利用高效会议吗？

看看某一周的工作日记。你在开会上花费多长时间？我猜测至少花费20%的工作时间。你的职位越高，开会时间往往就越长。假设这些会议在你的工作安排中都是前期的端对端会议。如果在新年那天开始开会，要到3月才能把会开完。每当对员工开展调查时，他们都会说大多数会议都是浪费时间。我想提一个如何更好地思考运用时间的建议。

实践

下次当你因为在日历上注意到有一个会议要开而叹气时，你应该高兴才对，要将它安排成一个学习的机会。对于还在学徒阶段的新手来说，会议至关重要。你可以借此机会了解同事，了解企业文化以及你所从事的业务工作，尝试各种事情。你可以磨炼你的倾听技能，锻炼提出一流问题的能力；你可以发现不同的发言风格并在你的日记中对它们进行评价；你可以锻炼自己的总结能力，学会有限度的发言，设法让那些比较沉默的与会者说出自己的观点；你可以通过事先策划自己的出场方式、发言内容，以及发言风格来提高个人影响力；如果能够创造机会的话，你可以锻炼自己的演示讲解能力，或者发挥创造力，运用一些解决问题的方法。会议期间举行的一些活动，是为你提供会后向同事了解情况或提出反馈意见的机会。

黑桃♠ 5——扩展人脉

基本理念

我有一个直觉：假如我们在 10 年后重复自己的研究，那么扩展人脉将会显得更加重要。通过扩展人脉，你有更多机会找到下一个工作，当你最需要帮助时也能使你得到必要的帮助。不过是否每个人都真的喜欢扩展人脉呢？我认为大多数人都喜欢遇到有趣的人，大多数人都喜欢同他们认识的人建立联系。但是我们当中大多数人最不喜欢的事情就是忙完一周的工作后，在一家酒店里一边小口喝着温润的白葡萄酒，一边听着有人在单调乏味地讲话，最后同一些毫无个性的人交换名片。不过至少我们在那样的背景下交换名片时，名片上面可以看到漂亮的图片。

谷歌也是一种充满活力的社交网络。无论你面对着什么，无论你需要接触什么人，只要你当前拥有强大的社交网络，你就可以随心所愿。如今，许多社交媒体工具可助我们一臂之力，但是有时也需要辅以亲自会面。社交领域大师尤安·森普尔会经常打电话联系那些有一段时间没有见面的人，重叙友情，以免彼此淡忘。

实践

下面是我遵守的一些规则：

1. 下次你接到邀请时，如果有时间，也许还有一些你应该见面的人，那就应该前往，即便只是喝一杯饮料也要去。

2. 在活动中遇到熟人时，不要观望他们身后的人，应该充分关注你的熟人。

3. 如果你信任的人建议你做什么，那就去做好了。即便你不知道为什么，也值得去做。

4. 绝不要记下有多少次。不管愿意不愿意，主动提出帮助，结果或者给你带来酬报，或者磨砺你的个性。

5. 永远要给物色人才的猎头帮忙。

6. 做志愿者，在主要工作任务之外承担一些责任。

7. 要一直随身携带名片，即便去健身房或度假也不例外。

黑桃♠4——得体应酬

基本理念

也许我们都曾经针对陌生人的危险性表现出过激的行为，但是我们似乎正在丧失同陌生人攀谈的能力。当你走进一个满是陌生人的房间里，还要显得稳操胜券，这对于大多数人来说是个最大的噩梦。但这也是不少人的工作主业，他们可以传授给我们许多技能。首先是着装规定。要经常查询活动的有关情况，或者利用谷歌网站搜索去年举办活动时的着装图片，考量具体风格样式。如果着装不得体，你会立刻处于不利境地。有一次我身着天鹅绒盛装参加了外交部的晚会，随后才意识到请帖上说的是晚宴套装礼服，而不是无尾礼服。所有其他女士全都身穿鲜亮的夏装。于是我便走向一边，将我的首饰与手套藏到不同的花盆里，直到我的着装风格与她们相匹配为止。即便如此，如果你想表现得特别突出，可以同在场地位最高者的穿着类似，或者着装比平常正规一些。应该谨慎用心地去做，这样就不会出丑了。

如果你在出席大型招待会时没有遇到一个熟人，那你首先应该找点事做。不用说，第一件事就是寻找饮料。你可以借机环顾室内现场，看看有没有"像我一样的人"。他们也许没有聚在一起，看上去年龄相仿，或者着装也类似；他们也许是你能认出来的人。当你发现一个人或一群人看上去挺投缘，你可以主动做自我介绍，然后加入他们的谈话。如果他们已经形成一个关系密切的朋友圈，这可能让人有些却步。不过你可以通过与他们的领头人，或他们当中任何一位有影响的人物直接进行目光接触，正常地挤进他们的朋友圈里。或者你可以暂时潜伏下来。潜伏之所以奏效，那是因为任何人都不想让自己的个人空间受到侵扰。如果你挨得太近，别人就会自动后退。你也可以挑选几个落单的客人，和他们聊聊天，或者在侍者换饮料时，溜进他人的朋友圈中。如果你无法溜进去，就应满怀信心地阔步走开，在衣帽间里重新寻找伙伴。

接下来就是聊天。幸运的是，英国人有一套非常纯熟的同陌生人攀谈的常规：谈论天气。来英国的游客对英国人特别爱谈论天气感到迷惑不解。然而正如人类学家凯特·福克斯（Kate Fox）指出的那样，英国人谈论天气同天气本身毫无关系。她将这一点比作灵长类动物梳理毛发，开展社交联系，并指出英国人开始谈论天气就是要表达这样的意思——"我想和你聊天，你愿意和我聊天吗？"也许路易斯·阿姆斯特朗（Lewis Armstrong）生活过的美国差别也不是很大："我看到朋友们相互握手，相互问候。他们实际上在说我爱你。"任何情况下的握手，最初都出于这样的需要：表明握剑的那只手空闲着。所以其目的也许就是让对方知道你对他们怀有善意。

谈完天气后，另一个话题自然会接着出现。在这个阶段，简·奥斯汀（Jane Austen）会建议继续谈论道路。要是谈论宗教、政治或性，那可就麻烦了。如果你的大脑不灵了，就想一想在高尔夫球场上开球时队员们高声呼喊的"FORE"。在这里"FORE"分别代表着：

- 家庭（Family）——有关孩子，或者人们来自哪里的问题；
- 职业（Occupation）——有关工作、地点与职业的问题；
- 娱乐（Recreation）——有关爱好、节日与热情的问题；
- 教育（Education）——有关学校教育的问题（涉及他们或者前面提到的孩子）。

在爱丁堡，按照传统，那里的人会首先问你在哪里上过学。也许这只是爱丁堡当地的习惯。但是我将它列在了此处，因为它仍然是许多家长非常关心的问题。如果你在试过所有这些办法后仍然无法打开话题，不妨再试一试一位外交大使对我透露的他妻子常用的应急问题，似乎在全世界都奏效。先悄悄地贴近他们，然后问上一句："北面的形势现在怎么样？"

如果你在现场发现了一位阴谋理论家该怎么办？你要是一时脱不开身，就找借口说要见一位熟人，或者找一位侍者，接着说"我真的不能只让你同我聊天……"如果你有人陪伴，且你们双方都暂时无法脱身，你可以尽量赞同对方的观点，以便双方都能走开。私人秘书最擅长接听国家重要领导人打来的"紧急电话"，你可以学着做一些类似的安排。有位退休的特派团团长以前经常一晚上要访问好几家大使馆。他每次访问的速度都很快，然后从后门离开，一路上能把那里的主要工作人员都看得一清二楚。

如果你非常热情，握手时要干脆有力，同时伴随着善意的目光接触。不要对记忆姓名的事情感到惊慌。你或者会建立联系，最后递上名片；或者可以看看照片，浏览嘉宾名单。如果你必须把一个人介绍给另一位你记不起姓名的人，可用夸张的手法或者通过提起共同点来蒙混过关。"来见一见这位有意思的人，他（她）和你一样也喜欢丁托列托[1]。"你甚至可以叫来一位侍者掩饰你的失态，或者只是一笑了之。总之，你要显得轻松自如，直到化解尴尬为止。

实践

看看你的工作日记，从中找出你准备参加却又使人感到紧张的一个活动。或者假如你已经谢绝了一次邀请，因为你无法面对同在场的来宾接近攀谈的局面，那就准备参加下次活动吧。临行前，坐下来阅读本节内容，从头至尾演练一遍。查明着装规则，浏览一下来宾名单，安排好到达与离开的时间，在前去参加活动的路上再阅读一次本节内容。到达现场时，运用此处所提的建议，看看能有什么收获。准备好前面提到的FORE问题与名片前往目的地，要一直面带微笑。千万要避免站在角落里只看手机，显得你自己很忙碌而无暇交流。祝你好运！

黑桃♠ 3——神秘客户研究

基本理念

有一个著名的故事，讲的是艾伦·布雷迪与马奇广告公司如何赢得英国

---

[1] Tintoretto，意大利画家。——译者注

161

铁路公司这家客户的具体经历。当客户前来洽谈广告业务时，有位漠不关心的接待员正在修指甲，然后让客户在休息室里长时间等着。休息室里摆着不少沾着咖啡污迹的小桌，烟灰缸里的烟头多得都掉了出来。时间分分秒秒地过去了。没有人前来同他们会面。英国铁路公司派来的代表们怒火中烧，正要发作时，马奇与他的团队出现了。"这就是公众对英国铁路公司的看法，"马奇说道，"现在就让我们来努力纠正这种看法吧。"

神秘客户研究主要是消除各种盲点。作为领导者，你也许不仅对于工作中最棘手的环节很不了解，而且你手下的员工还可能只讲一些他们认为你想听的内容，但并不反映实际情况。

实践

一项有益的实践就是密切关注业内模范组织的动向。你是否能够描绘出他们的详细情况，并设法成为他们的客户或供应商？你是否能够利用你的人脉从他们的客户或供应商那里获得真实的反馈情况？

在稳妥的情况下，你也许还想在你的业务范围内开展一些神秘客户研究活动。邮局柜台有限公司的高级管理人员经常开展"走向基层"活动，每年都要花费几天时间亲自站柜台做服务工作，以了解实际工作情况。也许你也能够这样做，或者让一位朋友成为你的顾客，替你了解有关情况。

黑桃♠ 2——MECE

基本理念

如今纠正管理教育与风格上的认知偏见已经变得非常重要，以至于我们在很大程度上都忽略了思考，尤其是有效思考。本节实践可能会使你感到头痛，因为我要鼓励你开动大脑，让它缓慢地运行，努力发现大脑应该想些什么。

如果你没有这种心思的话，一定要重读本节内容。

詹姆斯·麦肯锡[1]这样的人很善于思考，因为他们就靠思考谋生。在他们的办公室里的任何一个书架上翻找一下，都会发现他们的专业宝典。作者是巴巴拉·明托（Barbara Minto），专门论述逻辑树方面的问题，尤其重视结构化思考。我们从心理档案与招聘实践中认识到，许多高级领导者均擅长战略思维，倾向于凭直觉确定一个愿景或大方向，然后觉得有必要通过获得成功来证实自己是正确的。这样做经常奏效，但是也有风险，因为逻辑中的各个步骤可能被遗漏掉了。明托女士这样的思维过程就是要让忙碌的大脑慢下来，确认有效的"解决途径"没有受到忽略，没有被什么可以奏效或得到支持的先入之见剔除掉。

它是这样发挥作用的。我想知道早餐吃什么？为了回答这个问题，我们需要将面临的困境分为 MECE（Mutually Exclusive, Collectivelly Exhaustive）的各种类型。你吃过的早餐可能煮过，也可能没有煮过。煮过就不是没煮过，没煮过也不是煮过（两者不相重复）。它们一起构成了早餐选择的总体两大类型（无一遗漏）。这一逻辑树上的每一部分均可使你有进一步的选择，比如乳制品与非乳制品。按照煮过/乳制品的思路可使人想到鸡蛋；按照没煮过/乳制品的思路可使人想到酸奶。以此类推。你会觉得这一逻辑思路建议你吃没煮过的腊肉，而当你担心食物中毒时，你认识到早餐你最想吃熟肉。

这里举一个援引自 MECE 研究大师保罗·戴维斯（Paul Davies）的商业实例。你的业绩平平，需要增加利润。这时候你该怎么办？你需要从短

---

[1] James McKinsey，麦肯锡管理咨询公司创建人。——译者注

期与长期两方面入手，增加收入或降低成本。这两者均为 MECE 的问题。对于成本，有固定或可变两类。固定与可变两者互不重复；固定加重复便无一遗漏……

据此做出的图表（参见图 6）看上去极其复杂。客户们会为这类事情支付大笔费用，但这是合情合理的。你能否下定决心，不辞辛苦地去思考这个图表？如果你肯动脑筋研究它，你便会为你的工作单位节省一大笔咨询费，这本身就是一项有益的训练活动。但是 MECE 也是一个有用的概念，因为它可以让你倾听各种问题，提出更好的问题。你会经常得到一个解决方案，但也许它不能解决应该解决的问题。这种逻辑会帮助你明白你是否获得了正确的解决方案，其他解决方案是否过早地遭到排斥或忽略。

实践

下次为了解决某事而做决定时，要好好想一想，不要急于求成。尽量从截然不同的方面考虑问题，努力建立起自己的 MECE 树形逻辑图。不要随意抛弃任何似乎不被接受的因素。如果从不同角度来看，也许这样的因素可以被接受。要是回头从基本环节来看的话，已经被你放弃的方案只要稍加改进，也许正可以解决你所面临的问题。

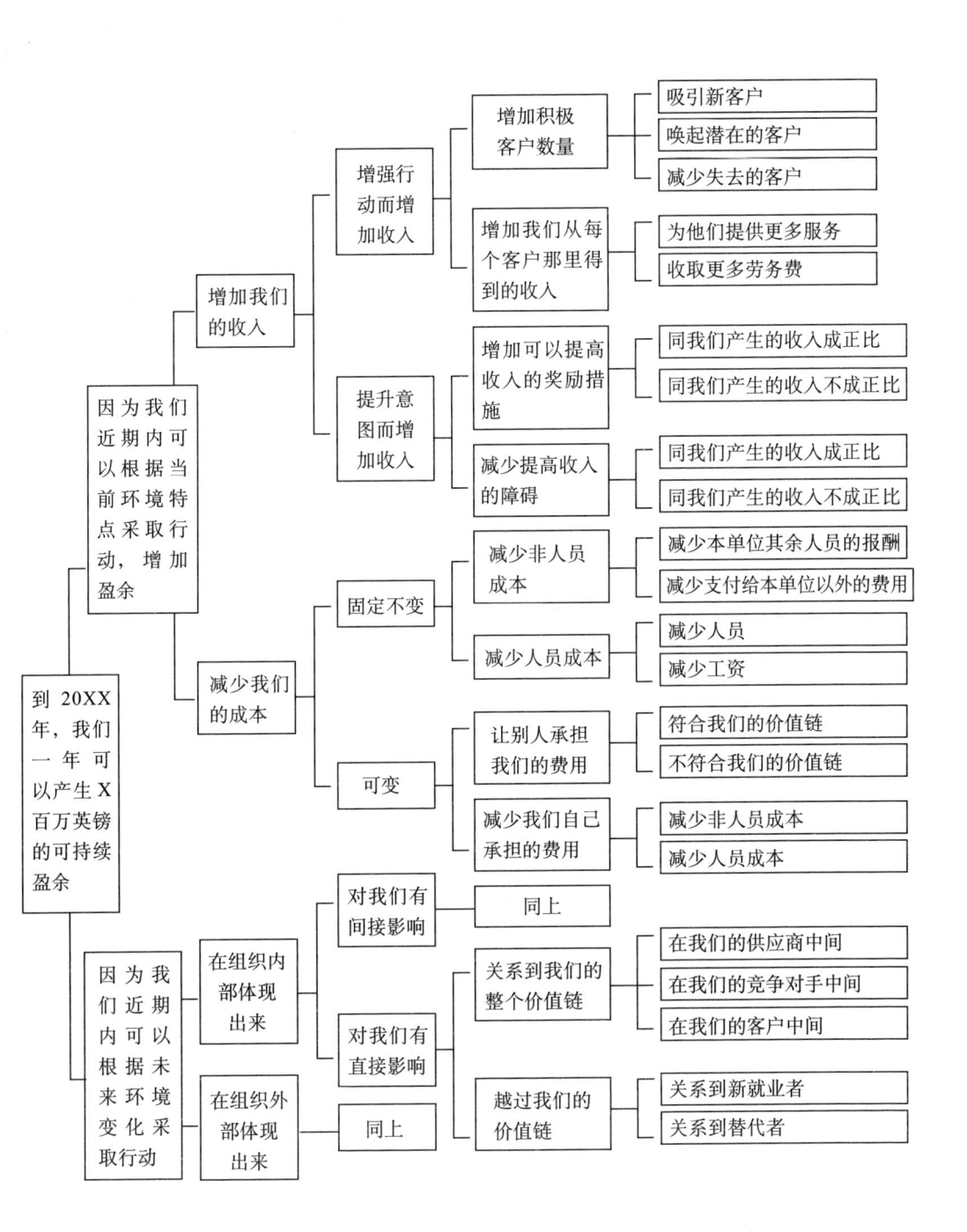

图 6 MECE 树形图

第九章　13× 红桃牌：在任何社交场合游刃有余

使别人感到轻松

你还记得照片上的那些约会女郎头顶着一本书走来走去，或者向蛋糕行礼的情景吗？这些女士成群涌现，一般都是在适当的季节出去寻找自己心目中的如意郎君。位于伦敦肯辛顿区格洛斯特路上的著名露西·克莱顿学院（Lucie Clayton College）就是大量炮制这些照片的幕后推手之一。女演员兼导演乔安娜·拉姆利（Joanna Lumley）去过那里，传奇超模琼·施林普顿（Jean Shrimpton）与伦敦名媛塔拉·帕尔默－汤姆金森（Tara Palmer-Tomkinson）去过那里。我也去过那里，当时他们仍然保留着那辆著名的模特车——只是乘客座位，因为"女士不开车"。他们教我怎样在上车下车时不会露出短衬裤。我还会头上顶着一本书走路，知道该怎样轻快地走下楼梯，怎样摆好姿势拍一张"珠光宝气的女郎"照片。这全都是滑稽好笑的事情，我还对别人炫耀过。但是在这些玩笑背后，我也学会了一些非常有益的严肃技能。有关礼仪、外表以及同男人打交道方面的各种提示都说明了这样一个道理：懂礼貌也能让别人感到轻松。懂礼貌是你能够做出的最慷慨、最具社交意义的事情。

我母亲经常给我讲那些波兰士兵的故事。战争结束后，他们远离家乡，继续驻扎在苏格兰。我的外祖母曾经邀请他们吃茶点，外祖母的茶点非常有名。她在铺着干净台布的餐桌上摆满了三明治、烤饼、糕点，以及令人眼花缭乱的各种自制果酱。外祖母将一罐果酱递给了一位士兵，里面插着一个小勺。他看上去感到非常困惑，接着便拿起小勺开始吃果酱。我母亲突然觉得有人用肘部用力碰了一下她的肋骨。只见外祖母递给她一罐果酱，示意让她也吃，她立刻吃了。这就化解了尴尬场面，否则便不会被视为对那些忠诚、勇敢与孤独的士兵们怀有善意。

当年的那些女子精修学校被称为"礼仪学校"不是没有道理的。著名的英国公学以及英国皇家桑赫斯特军校、达特茅斯军校与克兰威尔军校那样的学校，也对男士们开展同样的礼仪教育。用今天的眼光看待这些学校，我们往往持批评态度。但是他们所做的一件事情就是培养学生具备在社交场合下得体应酬的能力。除了正在进行中的复杂社交场合外，又该做些什么呢？当探讨领导力的专著阐述"个人魅力"时，其中的一部分含义是：有能力展现魅力，给周围的人留下良好印象。虽然并非所有训练培养领导力的活动均涉及友善待人，但是同正确处事相比，它往往能使你在生活中取得更大成绩。因此，在红桃牌这一章里，我强调个人魅力，强调能够使周围的人同你在一起时觉得轻松无忧的能力：使他们满怀信心，能够展现自己的真实个性。要想使他们能够表现良好，真正需要的正是这样的温馨工作环境。老式的胡萝卜加大棒的领导思路，其实际效果并不能让那些真正喜欢你的员工忠心耿耿，焕发出创造力，任劳任怨地努力工作。在阅读本节内容时，利用下表给自己评分。

表9 红桃牌

红桃牌	RAG	下次练习的机会
A♥ 礼节		
K♥ 信任		
Q♥ 倾听		
J♥ 提出问题		
10♥ 目光接触		
9♥ 讲故事		
8♥ 处理关系		
7♥ 精心安排的谈话		
6♥ 指导		
5♥ 团队建设		
4♥ 反馈		
3♥ 表示感谢		
2♥ 品格		

红桃♥ A——礼节

基本理念

"明礼方能成人",这是威廉·威克姆(William Wykeham)本人的座右铭,也是他创建的牛津大学新学院以及汉普郡温切斯特公学的校训。也许你认为14世纪70年代建立的这两所学校有点悠久。但是2014年开始对外招生的马里伯恩男子学校(Marylebone,一所新式免费学校)也体现了这一点,因为它在教学目标上既强调学业优异,又重视良好品行。

在提倡培养创造力冲突的背景下,发生点人际摩擦也许是必要的。但是如果人们都有一些人格魅力,那么日常交往就会变得更好。我认为这关系到

169

你的"使用成本"。你是否曾经输给那种一点也不如你优秀，但却比较有人缘的人？你是否听说过对方在"文化适应性"方面比你强？每当我们议论同事时，往往都会委婉地说某人"不会为人处世"，或者"情商有限"。

其中要表达的基本意思是他们难以相处，所以他们的使用成本比别人高。你知道这些人是谁，因为每当他们出现时，你的大脑中都会有一个声音引导着你在谈话时该说些什么。这是你的大脑执行功能在积极地管理着你对他们做出的反应，让你避免鲁莽，这就是为什么会消耗你的精力。

你也许还记得影片《当哈里遇见萨莉》（*When Harry Met Sally*）中的情景：哈里对萨莉解释说她"经常需要关注"，因为她对于什么事情都很挑剔。我们很可能也像萨莉那样都很优秀，值得投资培养。但是你自己会知道，当你要从两个同事中选出一个人时，你会选择那位更易于合作的同事。我认识的大多数领导者长时期都有精力不足的问题，需要妥善处理。我们知道领导者睡眠质量很差，思虑过度。由此可见，他们身边并没有许多各种各样勤奋敬业的员工。耐心对待那些凡事很挑剔的人非常耗费精力。领导者经常将这种事情称为最伤脑筋的事情。如果有位同事很是令人厌烦，领导者已经筋疲力尽，他们为何还要自寻烦恼？在物理学上，称这种惯性是为了保存能量。因此所需的任何代价都应该非常值得。

实践

降低使用成本的最佳途径是提高个人魅力。《小报》（*Red Top*）一书的作者，生活奢侈的比尔·科尔斯（Bill Coles），以《太阳报》记者的身份对一些不太配合的人物进行采访报道，下了一番苦功才了解到个人魅力的真谛。他在书中表示，在实践中必须做好时间安排，这样当你需要表现出色时，你就会很出色了。每天早晨亲自实践：去报刊店、去汽车站、亲自买咖啡和午餐、给呼叫中心打电话、在学校门口聊天。如果充分关注对方的话，任何社会交往都可以是实践活动。他信奉的金科玉律是对别人的生活表现出兴趣，礼节上无可挑剔，随后说声"谢谢你"。你可以同出租车司机聊一聊交通网，同接待员聊一聊她有多忙，同出纳员聊一聊袋装药。为避免使自己觉得这样做略微有些只顾自己不顾他人，尽量回想一下甚至最普通的谈话最终也给人带来快乐时的开心心情。我们应该坚持一直这样做下去。

红桃♥K——信任

基本理念

2012年一些研究人员决定查明人们信任医疗专业人员的原因是什么。莫耶茨·吉瓦（Moyez Jiwa）同来自澳大利亚科廷大学的一个研究团队前往社区药房，向那里的顾客随机展示了一系列照片。照片上的人带着各种医疗器械，包括听诊器、反射锤与耳镜，除此之外，还身穿手术服，手里拿着笔。研究者要求人们给照片上的人评出如下各种印象：诚实、值得信任、值得尊敬、讲道德、有职业操守、诚恳；也可以评出多种印象。结果表明，如果医生带着三种或更多的医疗器械，尤其是听诊器，我们就更有可能信任他们。信任，在任何专业背景下均表现得特别明显，因为可以立刻建立良好关系，这会节省许多宝贵时间和费用。尤其在医疗与法律行业中，如果得不到信任，你就不可能从弱势群体中了解到事实真相。

信任是个模糊概念。我们如何才能给信任下一个明确定义，使我们更好地理解这个概念，特别是如果作为一个领导者，我们的工作就是取得别人的信任？我们工作中的听诊器与白大褂又是什么呢？我们从戴维·迈斯特（David Maister）、查尔斯·格林（Charles Green）与罗伯特·加尔福特（Robert

Galford）等人的研究中得到了答案。他们的信任理念认为，信任取决于一个人的可信程度、可靠程度与接近程度。

可信程度就是你在多大程度上懂得自己所讲的内容。你是否拥有相应的资质或经验？你讲起话来是否引人入胜？你是否看上去坦率真诚？这就相当于听诊器！

接下来是可靠程度。你是否始终如一？你是否总是兑现承诺（甚至包括你守时的细节），按时完工，后续工作也很出色？你的表现是否受情绪与外在情况的影响？

最后是接近程度。即使你的工作履历中写满了有关可信程度与可靠程度的证据，人们总是希望能够亲自见面，因为我们信任的是人，不是文件材料。你准备使用什么手腕让对方愿意同你接近？这也许涉及共同点，但也可以通过有关天气的闲聊同别人开展交际。

无论你多么努力地去建立信任关系，它仍然有可能毁于迈斯特研究团队所说的自我定向（self-orientation）行为。这涉及计划安排的问题——是他们说了算，还是你说了算。如果我们觉得对方似乎在戏弄自己，我们就会怀疑他们的动机，不再信任他们。你会在多大程度上向对方透露你的计划安排，并通过密切接触进一步加强沟通，使你的可信程度与可靠程度不会受到影响？

实践

据说信任来时困难，去时容易。你在职业生活的哪些方面可以提高别人对你的信任程度？上文提到的信任理念可用于自查已经出了问题的人际关系，或者用于策划努力迅速建立友好关系的交际方案。确认通常情况下的自我介绍方式大有帮助。你也许认为不出风头会消除敌意，但是它也会阻碍你取得重要人物的信任。另外，认识清楚在宏观上失去信任的原因也很重要。听说过慈善机构在销售给弱势群体的能源产品中顺手揩油的事情吗？听说过政治家向一些同公职无关的物品收费的事情吗？有些银行家和商人即使在利润下跌时候，也要自我奖励引人瞩目的奖金，有这种事情吧？他们这些人都是破坏信任的自我定位反面典型。伪造结果或者个人履历中有不实之词会失去信任；由于年景不顺，致使连续盈利的记录告一段落，或者领导者口无遮拦地发表意见，这样都会使可靠程度受到重创；每当领导者或企业主管在具体场合下说一句"无可奉告"后，紧接着就撤离现场躲了起来，结果同外界的亲密关系就会受到不良影响。但你发现有机会建立关系，或者增强信任感时，应该运用上述方法有效策划最佳行动方案。

红桃♥Q——倾听

基本理念

我们在母体里尚未出生时就开始倾听，一直没有停止过。我们有充足的时间养成一些不良习惯，比如选择性倾听或快进倾听。你有过注意力不集中，或者等待讲话、打断别人的时候吗？每当我要求人们以事先安排的形式相互倾听时，他们获取的信息量非常惊人。也许通常没有人认真听我们讲话是件好事；那些有人认真听他们讲话的人又有何反应呢？他们往往感到心旷神怡，且非常自豪。

实践

提高员工积极性的一个途径是认真倾听他们的意见，因为这会使他们觉得受到了重视。我们在阿什里奇商学院运用的训练方法就是设想有三个倾听层面。当然实际上它们之间的界限并没有那么清楚，不过将它们区分开来有助于清楚地认识到怎样倾听最容易，哪种倾听方式也许经常受到忽略。这三个倾听层面是：

1. 事实层面。收集信息，尽可能准确地回想起来，不用记笔记。

2. 情感层面。细心明察语气、语调与体态语言，也就是可以体现出同话题有关的对方任何情感因素，然后在回想过程中将其作为检验理解的假设。

3. 直觉层面。运用"第六感觉"探析你听到的内容、场面、概念、比喻，即任何可以成为有关信息的因素："我的心中浮现出一个走钢丝者的场面，这就是你现在的感觉吧？"

你可以在下次开会或者一对一见面时尝试这一倾听技巧，在上述三个层面之间交互转换有助于防止你走神。

你也许是一个脑筋转得很快的人。当然你在认真倾听，可是你做出的反应很快，对方以为你在等着讲话。所以除了实际在倾听以外，你还要让对方看出来你在倾听，以取得充分的效果。

表10　倾听

简单应和	重复说出听到的最后一个或几个词，敦促对方继续说下去，也表明你在关注对方，有倾听的兴趣，邀请对方继续说下去。
选择性应和	重复说出含义突出或者具有引申含义的词或短语，以便深究其寓意，或者邀请对方谈论新的内容。
开放式问题	即以谈话参与者为中心的问题，意在让对方探讨发现新的线索。
封闭式问题	提出这样的问题是为了检验理解程度，或者表示同情，例如："那肯定不容易吧？"
强调型推测	提及没有说出的内容，例如："听起来你好像为此感到担忧。"
检验理解程度	为双方澄清疑点："让我想想，你说的可是……吗？"
解释重要语句	为了表示支持，用自己的话重述对方说过的重要语句。
逻辑梳理	组织总结听到的内容便于记忆，然后接着谈论下一个话题。

约翰·赫伦（John Heron）列出了一个各种有效方法的清单，有助于你表明自己在认真地倾听对方讲话。1989年，早在人们还没有像现在对于"活在当下"表现出很大热情的时候，他就将这种方法描述为"活在当下，兼顾未来，自由关注"。他建议一旦你完全在场，就应该运用表10中描述的8种方法。

在选择自己所提出的问题时，他提醒最好提一些跟随性的问题，而不是引导性的问题，这样有助于你跟踪对方的思路，而不是转向自己的思路。你也许想要提出一些假设来激发他们的思维，但是如果实践既关系到认真倾听，又关系到让别人看到你在认真倾听，那么尽可能长时间地按着对方的思路进行谈话。

红桃♥J——提出问题

基本理念

什么是提出问题？在讲话时，我们运用语调变化来表示提出问题；在纸上书写时，我们运用问号来表示提出问题。这样我们就可以将问题同陈述区别开来。陈述也许需要回应，也许不需要。而一个问题只要不是反诘句，从来都需要回应。因此提出问题也需要思考。那是我在邀请你开动脑筋。提出问题可以让你身边的人认为你是个聪明人，因为你促使他们去思考。

你会逐渐熟悉已有的各种提问方式，不过在此还是扼要说明一下。

- **封闭性问题**——这种问题只需回答"是"或"不是"。

例如：是你杀害了凯撒吗？

- **开放式问题**——这种问题需要做出比较全面的回应。

例如：那天在庞贝剧院你看到了谁？

- **引导性问题**——这种问题意在引导一个回答。

例如：你在 3 月 15 日那天带着匕首靠近皇帝，想要刺杀他，对吗？

- **反诘性问题**——这种问题不用回答。

例如：还有你吗，布鲁图斯？

我的妹妹在接受律师训练期间经常以我作为训练对象。在法庭上，你是在直接询问，还是在进行反诘？前者力争从证人那里获取证词（提出简单的"单一事实"开放式问题，可以逐渐摸清情况）。后者力图揭露案件中的缺陷，在争辩中取胜（提出引导性问题，彻底阐明你的观点）。无论你是在直接询问，还是在进行反诘，都会体现出你采取的策略以及你取得的结果。当你知道自己处于哪种情况时，就会选择提出合适的问题。作为辅助手段，你可以回顾一下英国作家鲁德亚德·吉卜林（Rudyard Kipling）在《如此故事》（*Just So Stories*）中所写的一首著名诗歌，开头是这样写的：

我养了六名忠实的仆人：

（我所知道的都是他们教的）

他们名叫何事、为何与何时，

还有如何、何地与何人。

这是一份很好的问题清单，但要记住每个问题都会把你带往不同的方向。"为何"可能使人觉得有责备的意味，也可能使对方认真地回顾以往的情况，结果他们便陷入过去而不可自拔，无法着眼于未来的解决方案，但这同样可以有效地检验假设，打开新的思路；"何时"是个封闭性很明显的问题，可以使你获得信息，但是不会有很多收获，它同样可以有效提高人们对于事发情境的认识；"如何"可以成为有些过于宽泛的问题，会引发才智超群的反应，它同样可以成为探讨各种选择的最佳途径；"何处"与"何人"问得具体有用，尤其用在谈话过程的适当环节上,但是往往也成为获取信息的封闭性问题。只要提出的问题有利于对方,不仅仅是为了填补你的知识空白,"何事"可能最为有用,因为它可以让对方把事情讲得非常具体。

实践

开始复习、锻炼提问技巧,可以重点根据开放式、封闭式、引导式以及反诘式等几类提问形式展开训练。你善于发现不同的类型吗?你在沟通时运用了几种类型的提问技巧?取得了什么效果?如果你觉得自己有勇气的话,可在下次会面时让你的同事运用清单上的提问技巧向你提出问题,然后再把意见反馈给你。当你觉得已经掌握了基本技巧的时候,可以根据具体目的尝试着每次以最有效的形式提出每一类问题。记住,提问时如果气势逼人,就会使别人感到有压力,因此应该温和一些。

与此同时,也应该不断寻觅别人掌握的提问诀窍。我喜欢提出的问题是:如果你知道答案的话,那会是什么样的呢?

红桃♥10——目光接触

基本理念

前面提到过的约翰·赫伦对于目光接触这个话题也有很多论述。他有一个精彩的训练项目名为"现象学凝视"(phenonmenological gazing)。在训练过程中,他鼓励你长时间深沉凝视你非常熟悉的那个人的眼睛。他建议那个人可以是你的妻子、恋人、老朋友或银行经理(!)。首先从前三个人当中选出一个人开展训练,因为这是一种很有强度的训练。做领导工作就要同别人沟通,而我们沟通的一个主要方式便是目光接触。眼睛一直被称为"灵魂之窗"。因此,当眼睛被充分凝视时,会让人感觉自己完全暴露在别人面前。尝试这一活动时，你就会发现我们都要极力回避别人的凝视。赫伦将它比作去看验光师。他们先是查看你的眼睛，随后又通过直视你的眼睛吸引着你的凝视目光。这给人的感觉性质有所不同，我们还是觉得前者更舒服一些。所以我们咯咯笑着到处闲逛，以消除紧张的感觉，或者对眼睛的颜色、化妆效果或眼镜框产生了好奇心。最终我们安定下来，相互凝视。此刻我们才知道什么是心心相印，平时我们很少有这种体验。一旦你有信心被人凝视，也敢于凝视别人，你就学会了再次信任自己。你不必上天入地去寻找谈话中的线索，他们的眼睛会告诉你应该怎样做；你也不会忘掉应该说出的话语。

实践

适当的目光接触有许多优点，主要是可使你向同事们表明你已经注意过他们。这一点是不可否认的，因为我们一个最深层的心理需要就是觉得自己很有价值，受到重视。你在下次输入文字时如有同事打断你，可把他们设想成能够观唇辨义的人，只有你面对他们时他们才能听到你说什么。停下你正在做的事情，注视着他们。除了其他因素外，有可能缩短被打断的时间，因为他们不会一直讲下去，直到他们觉得你在充分关注他们为止。目光接触有助于少费口舌，使你在暂停讲话后产生极大影响。同电台节目主持人面对着静默时间有些类似，在你的目光注视下，即使最健壮的同事也会迅速说出重点内容，或者迅速采取行动。所以你要提高通过目光接触的方式探索同别人沟通的能力。你不必盯得每个人都不敢再对视下去；只是一开始应该清楚何时直视别人凝视的目光，何时将目光移开。感兴趣的稳定目光接触体现出的是信心与用心，让对方知道他们对你很重要。如果你觉得直接目光接触的强度不合适，可以运用以往的表演手法。演员们为了在特写镜头面前不眨眼睛，就盯视着对方鼻梁。看上去效果是一样的。如果你需要一个目光接触的偷偷摸摸的理由，心理学家诺拉·墨菲（Nora Murphy）在2007年开展的一项研究结果表明，如果你同对方有目光接触，人们便会认为你更聪明。如果你对自己在这方面的习惯有更清楚的了解，尽量通过目光接触充分关注对方，但是应记住同时还要面带笑容，这样他们就不会感到害怕。

红桃♥9——讲故事

基本理念

你是否吃过里面加了奶酪和洋葱的面包黄油布丁？我曾经在一个修道院里住过五个星期。杜埃修道院的本笃会修士为他们的热情好客感到自豪，那里的食物也棒极了。我躲到那里是为了完成我的博士论文里有关神学那一部分的内容。对于一个性格外向的人来说，那的确是一种有些出格的举动，因为那里甚至连吃饭也默不作声。所以我可怜的丈夫每天晚上给我打电话时，我都要喋喋不休地说个不停，要将憋在心里的话倾吐出来。我要写的内容是梳理整个神学理论。当时我已经在商学院的环境里待了很长时间，所以我认为神学理论也应该有2×2矩阵梳理模式。顺便说一句，还真有。我在旅行过程中发现了一本为各种故事梳理分类的佳作。这本书的作者是克里斯托弗·布克（Christopher Booker），书名叫《七个基本情节》（The Seven Basic Plots），出版于34年前。你可以据此将你喜欢的所有书籍与电影进行分类，很有意思。那七个基本情节是：战胜妖魔鬼怪、由穷变富、勇于探索、远航与回归、喜剧、悲剧、重生。显然《指环王》和《星球大战》这样的冒险故事综合了上述数个主题，具有更强的吸引力。

布克对故事产生兴趣是因为他认识到，我们都沉浸在故事当中，但是却对这一现象表现得极为冷漠。我们每天大部分时间都通过社交媒体、广播电视、办公室闲谈、新闻、书籍以及日常谈话活动接触各种故事。我们还在故事中做梦。从孩提时代我们就要求听故事；我们对自己的孩子所讲的各种故事，比如童谣、童话故事、神话故事与传奇，无一不是代代相传。传统世界的智慧对此了如指掌，并在故事当中保留了自己的道德观，即有关善与恶以及如何谋生的训诫。故事具有独特魅力，足以激发我们的想象力，比重述事实更能调动和激活我们的大脑。加拿大作家基思·奥特雷（Keith Oatley）认为，故事对于读者大脑的影响如同电脑模拟技术对电脑的影响一样。每当我们听故事时，在某种意义上我们就生活在故事当中。因此故事本身具有很大魅力。如今我们已经拥有深入探视大脑的技术，可以通过扫描来了解其中的真实情况。同听人简单地陈述事实相比，我们听故事时大脑的更多区域会被调动起来。

下面是我喜欢的一个故事，内容同工作的意义与目的有关：

有个人走在大路上，看到一位石匠在工作。他停下来欣赏着一块又一块光滑的石料。石匠则停下来休息，向他问好。那个路人问道："你在做什么？"石匠回答说："我每天都来到这里为我的主人切石料，一直干到晚上。我干活挣钱，没有怨言。"告别石匠后，那个人继续赶路。在路上，他遇到了另一位石匠。这位石匠正在拼命地干活，身边堆着更多的石材。路人问道："你在做什么？"石匠回答说："对不起，我不能停下来说话。我每天领的是计件工资，所以我必须接着干。"告别石匠后，那个人又继续赶路。在路上，他遇到了第三位石匠。这位石匠的身边堆放着更多切割得很漂亮的石块。路人问道："你在干什么？"石匠回答说："我在建造大教堂。"

实践

我们都偶尔讲一讲故事，但是要让我们当场讲个故事，我们却没有信心把故事讲好。因此圣诞长袜里装满了讲述奇闻逸事的书籍，供饭后聊天或伴郎演讲使用。杰出领导者善于把故事揉进谈话当中，这样既简单又引人入胜，同时便于以简单的记忆方式解说复杂的思想。这是一种重要的交流沟通技能。我让领导者们使用小道具开展训练，为他们想要表述的内容寻找一个形象的比喻。同样你可以使用能够使人想起故事情节的鲜明视觉材料，或者一开始就讲一件趣闻逸事，以表明你希望听众们从他们听到的内容当中悟出内涵意义。同我们在此探讨过的许多技能一样，这项技能最好向大师们学习。从你的身边找一些擅长讲故事的人，仔细观察他们的表现，并模仿他们。

红桃♥8——处理关系

基本理念

确定可持续性的一个方法就是要看我们拥有的各种关系是否正常，例如人际关系、同社区的关系、同社会的关系、同地球的关系，以及代际关系。我们人类之所以能够生存下来，在很大程度上是因为我们互相合作。无私助人可使我们的身体得到回报：释放催产素，激活副交感神经系统。我们开展合作时天生就会收到积极反馈，以鼓励今后继续这样做。同样，如果我们孤单无助，那么我们的中缝背核（dorsal raphe nucleus）里的一组神经元便驱使我们寻找伙伴，因为孤单无助时我们就会陷入生物学上的危险境地。我们相互交往并不是为了想从中得到什么，而是因为我们天生就要这样做。在工作中由于受到了干扰，我们无法像在私人生活中那样开展正常有效的交往。这种干扰因素在一定程度上同权力与政治有关，也同目前流行的竞争论调有关。这种论调认为，生意场上的生活是一种零和游戏，我们必须取胜。根据正规博弈理论，一般的博弈活动是一种丰富的数据来源。但是搏智桌面游戏（board game）的发展也是这样。斯图尔特·伍兹（Stewart Woods）在澳大利亚帕斯市的科廷大学攻读的是优略游戏（eurogame）博士学位。优略游戏是一种德国式搏智桌面游戏，强调谋略，淡化运气，所有参与者必须一直玩到结束为止。你在这种游戏中主要应对的是游戏本身，而不是游戏对手。优略游戏不同于大富翁那样的游戏，后者要持续数个小时，为了获胜必须消灭对手。优略游戏具有突出的社交特点，使每个人尽可能长时间地参与游戏，游戏规则中包含平衡机制，有益于落后的玩家，阻碍领先者。这样便使得它将竞争性保持到最后。这种游戏对于工作关系也有启发。我们都需要同事，因此我们应该培养同事，以争取一举获得最后的成功。我们应该努力玩好游戏，而不是算计别人。我们应该跟自己较劲，努力完成手头的任务，而不是相互争斗。

在我们的工作规定中也要求帮助同事，所以我们应该承担这样的责任。这将会提高员工的工作积极性，让你身边的人为你甘愿付出更多努力。

实践

策划好在工作中遇到的各种关系。找来一大张纸，几支彩色铅笔，在纸的中间划个小圆，将你的名字写在圆内。然后画出你的工作关系网，给每个人都画一个圆。注意你与每个人之间的连接线。从红色、黄色或绿色当中选出一种颜色来标注一种关系，你会如何改进标有红色或黄色的关系？为了维系标有绿色的关系，你做的够吗？你是否还缺少应该为今后发展的关系，或者缺少对已经变得紧张的关系有所帮助的其他关系？

接下来。再审视一下每一种关系。重点关注那些同你有着最密切工作关系的同事。凭印象写下他们对你的要求，并根据你认为可能满足的程度将这些要求分别标注为红色、黄色或绿色。对于标有红色的要求，你能够采取什么措施来提高你自身满足这些要求的能力？记下你可以采取的任何有益措施。如果你觉得自己有勇气的话，不妨直接问一问这些同事对你有什么要求，也许为了你的评估或目标设立过程做准备，或者在这个过程中提出上述问题。另外还要问一问他们对你的评价，如何才能更好地满足他们的需要。

为今后稳妥起见，你也可以采取美国作家安妮·赫伯特（Anne Herbert）的建议：毫无目的做好事，无意中展现出美的一面，这会使你永远心情舒畅。

红桃♥7——精心安排的谈话

基本理念

在这一方面，约翰·赫伦是我崇敬的大师，因为他详细研究过精心安排的谈话，将其作为同客户合作的任何专业人的重要业务工具。他提出的模式类似于丹尼尔·戈尔曼提出的"高尔夫棒球"风格模式。因此你会看出"推进"与"牵引"两者之间的差异。我在此运用这一模式，是因为它专门用于精心安排优雅的谈话，尤其是在工作环境里对于你的谈话伙伴有帮助的优雅谈话。鉴于我设计的红桃牌全都同礼貌行为有关，这种利他主义的意图很有魅力。更为有利的是，这一工具对于一对一交流很有效，可以起到促进作用，所以你也可以用它来指导集体讨论活动。

赫伦将他的推进式风格称为"权威型干预"，牵引式风格则称为"促进型干预"。上述两种风格又分别衍生出三种风格。他的前提是，一个善于谈话的人将这六种风格视为基本舞步，经过充分掌握与灵活组合后，这些基本舞步就会变换出任何谈话所需的全部舞蹈动作。

三种推进式风格是：

1. 规定式风格——告诉某人应该做什么；

2. 告知式风格——提供信息或选择；

3. 正视式风格——拿起镜子，表现出积极或消极的态度。

三种牵引式风格是：

1. 宣泄式风格——释放有可能妨碍进步的情绪；

2. 催化式风格——提出问题，促进思考过程；

3. 支持式风格——表示团结与支持。

你也许现在就能够发现一些这样的行为。"你可以这样做，也可以那样做。但是我总是认为这样做最有效。需要帮忙的话及时告诉我。"这句话里包含有告知、规定与支持三个风格要素。"有一天我听到别人对你评价很高。人们认为你拥有……与……这两个突出优点。为何不尝试一下晋级呢？"这句话里包含了正视、告知与规定这三个风格要素。"你看上去很不高兴。我能帮上什么忙吗？"这句话里包含着宣泄与催化两种干预因素。由此可见，舞蹈不必很长，只要结构编排得合理适度就好。同样，你可以运用这种方法安排用时较长的一次交流活动，也许是一次指导性谈话，也许是关于工作重点或难点的谈话。

实践

为了提高自己在这方面的技能，首先要看清楚你是否能够确定出全部干预因素。如果有任何干预因素受到忽略，就要将其增添到探讨活动中去。如果你有信心，则应该开始注意自己的各种习惯与做法，略微对其加以变换以增加你的潜在运用范围。你会觉得其中有些比较容易，但是知道自己可以随时利用它们会使你觉得自己在谈话中有更多的选择，可以在谈话没有按着预先策划的方式展开时主动采取更多的措施。

红桃♥6——指导

基本理念

当年效力于德勤会计师事务所期间，我在指导活动方面非常荣幸地得到过约翰·惠特默爵士的业务培训。他的培训课程为期两天，我们要做的就是相互提出很多问题。约翰爵士对问题情有独钟。他将问题划分为两种：用影片《星际迷航》中的瓦肯人（Vulcans）心灵融合方式立即解决的"自私问题"，以及可以产生深刻见解的"以学习者为重点的"问题，因为这后一类问题能够使学习者进一步理解他们所面临的问题。你会变得非常善于给每个人提出的问题打分，满分为10分。真正富有洞见的问题会使你的同事坐在椅子上局促不安地说"啊，问得好"，觉得不经过认真思考就得不出答案。愚蠢的问题则立即得到"是的，但是……"这样的回应，让有关的每个人都感到失望。

在约翰爵士看来，指导活动主要关系到思想认识与责任。为了促进这两个目标的实现，他提出了著名的GROW模式。在介绍这一模式时，他担心我们会认为初级员工就像是空桶一样，只等着我们用机械刻板的智慧将其填满。他将这种智慧称为"管理者废水"，非常生动形象。他特别重视GROW模式，因为这种模式使他想起了橡树与橡树果。他认为人们更像是橡树果，而不是空桶。你不必每隔五分钟就把橡树果挖出来，然后研究它是怎么生长的。你只需将橡树果种在一个适宜的地方，然后将现场保护起来，使它拥有必要的生长条件就可以。

GROW 代表的意思是目标（Goal）、现实（Reality）、选择（Options）和意愿（Will）。谈话可以从上述任何一项开始，但是最终需要涵盖全部四个环节才能够取得良好效果。首先是目标，这一环节就是提出很多问题，为一般情况下或具体谈话中的学习任务树立目标或阐明目标；其次是现实，这一环节也要提出很多问题，目的是为了彻底认清当前面临的形势；选择就是努力发现替代性策略和解决方案；作为最后一个环节的意愿，就是检验你对于实现目标有多大决心，确定你为了实现目标而制定的各种具体可行的计划。

实践

开展指导活动是对别人表现出兴趣的最佳方式，也可以最有效地检验自己对他们的处境了解到什么程度。从指导活动中他们还可以逐渐学会进行自我指导。因此，当下次同事们向你提出问题时，不要仅仅是下意识地提出建议。相反，要向他们提出一些问题。他们是否可以将问题说得更详细一些？他们是否可以解释一下已经采取了哪些措施？他们从中学到了什么？他们对此有何看法？他们想要得到什么样的帮助？要是在以前的话，谁会解决类似的问题？他们会上哪里寻求帮助？他们会采取什么有力措施？要记住，如果将这种方法同出色的倾听行为结合在一起，就会收到最佳效果。出色的倾听行为包括总结、回想与探求，但却很少包括打断谈话。他们会有一种受到重视和培养的感觉，而你也会逐渐减少需要解决的各种问题。

在得到约翰爵士的善意允许后，此处列出的表 11 经过了简化处理，因此你可以自己尝试一下。首先用它来解决你目前面临的一个问题，以检验其有效性。

表 11　GROW 模式

目标	你究竟想取得怎样的效果？ 你可以采取什么措施跟踪进度？ 其中有多少部分在你的控制范围内？ 按着 1 至 10 分的评判标准，你目前做得怎样？
现实	为实现这个目标，你已经采取了哪些措施？ 你从中学到了什么？ 除了你本人外，是否有什么限制因素妨碍着实现这一目标？ 怎样克服这些限制因素？ 你给自己打出上述分数的理由是什么？ 是否有些人或者有些情况会影响到这个分数？ 妨碍你的真正原因是什么？
选择	为实现这一目标，你会采取什么措施？ 你还会采取其他什么措施？ 如果时间不是问题，你会怎样做？ 如果资金不是问题，你会怎样做？ 如果无动于衷，会出现什么情况？ 这方面谁做得好？ 他们采取的哪些措施你也可以尝试一下？
意愿	你会选择哪些措施？ 还有谁需要帮助支持你的计划？ 你认为会遇到什么障碍？ 你会如何克服这些障碍？ 你会在哪一天的什么时候迈出第一步？ 按着 1 至 10 分的评判标准，你对于实现这个目标的决心有多大？ 如果评分小于 8，你会如何提高这个分数？

在女子精修学校，他们还教过我如何走路。脚穿 2 码至 10 码高跟鞋，不要远离在室内地板上横过的基准线。他们说，这对于我们掌握标准的走路姿态很重要。接下来，我们了解到，可以在走路姿态中体现出自己的个性。

同样，这一工具如果对你没有束缚作用，就会产生良好效果。但是通过提出很多简单的问题来做准备活动，可以阻止你接受一些草率的建议或解决方案。一旦你觉得有信心可以在谈话中做出正确决策，你就能够体现出自己的个性特点。

红桃♥5——团队建设

基本理念

我对团队有一种预感。人们在团队建设上花费了很多时间、精力与资金，但是我认为领导者不开展积极合作的原因是：（1）他们确实认为由自己亲自出面的话，一切事情都能办得更快一些；（2）他们希望因团队绩效产生的任何压力可以通过为员工组织短途旅游而解决。

是的，你的想法没错，由自己来做几乎总是完成得更快一些。但这是就短期而言，这样做并不明智。你也许喜欢团队，也许不喜欢团队。但是你的职位越高，通过协调指挥团队来完成任务的能力就变得越重要。因此你需要尽早树立善于调动指挥团队的声望，即便仅仅为了保护未来的职业生涯也应这样做。

实践

要想增强团队建设的勇气，有许多稳妥的方法可供选择使用。你可以尝试在户外开展团队建设活动，也可利用心理测量工具进一步了解你们作为一个团队所具有的各种差别。但是对于你个人而言，提高你这方面能力的最佳方式就是勤于实践。目前你亲自办理的事情是否适合交给小型团队办理？也许有的工作任务你不愿意分配下去，但是其实你可以交给几名同事去办，让他们及时向你汇报工作进展，何乐而不为呢？这样做速度也许慢一些，效果也许不那么好，但是如果你的父母每天都要给你系鞋带的话，你自己永远也学不会系鞋带。所以别那么自私，要努力培养周围的同事，你会因此而得到尊重。

如果你的团队存在着不完善的地方，不要仅仅通过心理测量的形式来解释其中的不足。更要在私下里处理一些行为，先挑自己的毛病，然后再说别人的缺点。你会在自己的处事方式与行为上做出哪些改变，从而使团队文化也发生一些变化？你会在任务分配、问责形式、汇报方式与工作地点等方面做出一些改变吗？如果团队成员全都明确工作目标，你就会拥有健康的反馈机制；重视培养一些"同事"技能，比如倾听与指导，随后便会打造出优秀的团队。

红桃♥ 4——反馈

基本理念

当年我在德勤会计师事务所供职时，有位同事经常用他那炯炯有神的小眼睛盯着别人吼道："有话线下说！"听罢这话，你就会吓得两腿发软。我想苹果公司的企业文化与此类似，可能更加公开一些。我认识的一位特易购集团的员工非常认真地写了一份报告，没想到在公司董事会上被特里爵士撕成两半，并斥责他说："去你的反馈意见吧！"这种不成熟的做法似乎有增无减。为什么反映情况会遇到如此消极的对待呢？

我曾经观察过一次这样的训练过程：先让两位志愿者走出室外，当第一位志愿者又走进室内时，室内那些人必须让他将自己的名字写在图标上；如果志愿者出现了差错，就会遭到嘘声嘲笑。过了大约10分钟，志愿者待在原地一动不动，生怕无论做什么都会遭到嘲笑。接下来，第二位志愿者继续接受训练，这一回每当受试者的行为有助于实现目标时，室内的那些人必须欢呼喝彩。志愿者只用几分钟时间就完成了任务。也许过于简单了，但是这一训练过程却验证了对于负面刺激所展开的多年研究结果。

整体提出反馈意见是有难度的，尤其当反馈意见可能受到抵触时。现在每个人都能够看得出，传统的"好话＋抨击＋好话"式的反馈形式已经不再适用。提出喜忧兼顾的高质量反馈意见既是一种善意，亦是一种技能。我们损害这种能力的最常见做法就向别人示好，不想得罪人。我们希望赢得别人的好感，避免冲突，因此就有所保留，生怕对领导者说出真相会影响自己的职业生涯。磨砺这种实力的最佳方式是提高自己的反馈技能。如果你对身边的人以诚相待，毫不虚伪，他们便会认为这样做不仅令人满意，而且还懂得了这样做的价值。如果我们不知道自己在做什么，又如何能够提高自己呢？无论使用什么工具或模式，都不要损害身边弱势群体的利益。在职场上，我们可以变得更擅长装作强硬，但是谁也不喜欢遭到虐待。现代管理上一个最不能使人原谅之处就是要求员工顺从老板的意见，无论其意见有多么拙劣。其实我们这样做是在鼓励坏老板，错误地认为个人缺陷就是为优秀付出的代价。玛丽·雅各布森（Mary Jacobsen）的研究结果表明，实际上绝非如此。因为有些人比别人更有天赋，这一点违背了我们的平等观念，所以无论在生活中，还是在文学或电影中，我们就说他们有个性缺陷，认为他们在社交方面能力低下，从而使自己在心理上得到平衡。如果一个人是因为患上自闭症或者精神不正常才有了才华，上述说法可以成立。但是这种情况都是特例。

真正有才华的人比我们用脑更多，包括运用他们的情商与社交能力。因此，上述说法即便会使我们感觉更好一些，但是并不确切。我们应该不再接受那些拙劣的反馈意见，而是立刻对拙劣的反馈意见提出自己的看法，并通过谨慎的提问，帮助对方以确实有益的方式重新修改他们的反馈意见。这需要勇气，也需要实践。我们越是能够在这方面培养出优雅的处事风格，就越会得到全面提高。

实践

我们在阿什里奇商学院运用的一个模式是BOFF模式，即包含行为（Behaviour）、结果（Outcome）、情感（Feelings）与未来（Future）这四个要素的模式。你可以抱着积极态度或批评态度运用这一模式。

当你在会议上走到趋势图面前简要地总结我们的讨论内容时，确实有助于将讨论向前推动一步。我如释重负，也看到每个人都感觉轻松起来，因为他们意识到吃午饭的时候我们就可以离开这里。我想知道你今后是否会更经常地这样做吗？这的确很有价值。

或者是这样：

我注意到，当你在会上打断约翰，并对他说他的想法行不通后，他就一直没有再说什么。我真的担心会有更多的团队初级员工不想因为说真话而得罪你。也许下次你在发表意见之前先要询问一下其他人的反应，这可以使自己的批评意见变得更积极一些。

我建议首先制定一套积极的BOFF反馈措施，然后再建立一套更具挑战性的措施。这样你就可以提高反馈技能，树立信心，树立今后更具批评意识的声誉。真诚地相信某人有多优秀，肯定要比相反的看法更有影响。我还建议那些不愿意提出反馈意见的人养成向任何人提出反馈意见的习惯，不仅仅是为了指导报告；当某一行为引人注意时，应该及时提出反馈意见，不仅仅限于正式评审。有些公司正在彻底取消正式评估制度。如果你们有着健全的反馈机制，就不需要评估制度。今天你有可能向谁提出反馈意见呢？

红桃♥3——表示感谢

基本理念

由于某种原因，我从小到大一直认为在你没有寄出感谢信之前，你并不真的拥有一件礼物，或者有权享用一件礼物。我的父母总是让我写感谢信，而不是让我在圣诞节下午看电视，这的确是一个有效的教育方式。尽管我现在正逐渐摆脱这一极端看法，但是这确实是一种很好的行为训练。表示感谢就是反馈。如果用心做完一件事情后得不到反馈，杳无音信，那么表示善意的人就不知道是否值得这样做，而且有可能他们今后便不会再这样做。道一声感谢虽然不能替代同反馈有关的良好训练习惯，但却有助于鼓励对方今后一再表现出善意的行为。这一看法在组织中非常重要，因为总是有那么一两个老板似乎从来都看不到别人的善举。但是如果他们的同事失去信心，整个集体都会跟着倒霉。由此可见，你应该及时对他们表示谢意，以提振士气。

实践

将自己视为当地的拉拉队员。根据自己的具体个性，你要做的事情可以是迅速发出电子邮件，祝贺队友们表现优秀；也可以是邮寄老式的感谢卡，或者分发一些有趣的礼物，比如糖果或饼干，让人们知道你注意到他们付出的努力，并对此表示感谢。

如果你需要有机会对别人表示感谢，那么通过详细的日历系统记住别人的生日则是一种表示感谢的温馨方式。有位高级主管常常以非生日礼物给员工们带来惊喜，这是承认他们所做贡献的极好方式。因此，你可以买来一些邮票，一盒明信片，每周寄出一张。

诚然，还有一些表示感谢的个人原因，因为怀有感激之情对自己也有利。罗伯特·埃蒙斯（Robert Emmons）写过一本书，名叫《感谢》（Thanks）。

他在书中阐释了为什么心怀感激之情可以提高满足感，增强活力，提高幸福感，使人更有自尊，更有希望，更乐观，更有同情心。益处确实不少。相反，不懂得感恩会使人焦虑、抑郁，使人心怀嫉妒，看重实利，感到孤独。这毫无益处。什么最有效呢？在对幸福展开的研究中，有一种重要做法引人注目：多往好处想。如果你经常这样做，就会比不经常这样做的人在幸福感方面高出25%，而且这种幸福感会持续很长时间。我和我的双胞胎孩子在睡觉前经常说"对不起""谢谢你"这样的话。你以前可能同你的父母在睡觉前也经常说些什么，做些什么。如今我们平时都非常疲劳，入睡前不会反省白天经历过的事情，直到睡意蒙眬；第二天醒来忧心忡忡。在入睡前，你能否尝试着回顾一下白天给你带来的各种礼物？在关灯前，你最好将这些礼物一一记下来，因为尽可能详细地完成这个过程会使这样做的种种益处变得更加突出。埃蒙斯的研究结果还表明，这样做还有助于睡眠。

红桃♥2——品格

基本理念

我们在本书前文中剖析过品格的重要性。具体来说，我们探讨过磨炼美德的高度重要性，使美德保持活力，随时得以发扬光大。但是我们说的是哪几种美德呢？数百年来，人们列举过很多美德，比如传统的七大美德：审慎、正义、节制、勇敢、诚信、希望、慈悲。不久前，英国教育部倡导在学校里实施品格教育。他们将品格定义为在教育与工作中支持成功的一些个人特点、特质与行为。具体解释如下：

锲而不舍，承受力与应变能力；信心与乐观态度；动机，积极性与雄心；

睦邻友好与社区精神；宽容与尊重；诚信、正直与尊严；思想觉悟、好奇心与专心致志。

尽管这份清单的重点着眼于学生品格的形成，但是它与培养领导力也有明显的相关性。无论你喜欢哪一份品格清单，你都可能知道需要尽最大努力培养自己的哪些美德。但是你究竟可以怎样去培养美德呢？

我至今还记得在伦敦国教委员会的办公室里第一次接受求职面试时的情形。面试官满面春风地吸着香烟，问我这样一个问题："如果天使们要赐给你一个美德，你会选择什么美德？"我回答说："耐心。"在我等待天使们降临的时候，我可以怎样独立培养这一美德呢？通过有意识地等待。之前在注视电脑开机时间较长或排长队时，我总会没耐心地发火。其实我们本可以借这些机会培养耐心这一美德。孩子们觉得等待非常难熬，所以我们给孩子们买来降临节[1]的蜡烛，让他们耐心地等待圣诞节。每天我们点亮一支蜡烛，看着它燃烧，减少了一天。降临节日历也能奏效，直到我们将其装满巧克力，让孩子们立即得到心理上的满足。不过降临节蜡烛却是一种很好的训练方式。

你觉得什么难以等待？或者说谁最能考验你的耐心？我有一位朋友在修道院学校读过书。如今这位朋友还记得当时有位修女并不责骂孩子们，而是高声喊道："愿圣裘德保佑我们！"我的朋友长大后才认识到，圣裘德是绝望者的守护神。这实际上是一种经过巧妙掩饰的磨炼耐心的方法，类似于我们在前面讲过的从1数到10的做法。你是否可以将特别讨厌的人作为磨炼耐

---

[1] 即五旬节。时间在复活节后的第50天，是整个基督教会的生日。——译者注

心的目标，使你逐渐对他们宽容起来，借此增强这种美德？你是否可以利用自己的蜡烛来帮助你耐心地等待？

实践

你可以在需要努力培养任何美德时运用我列举过的耐心实例。但是你也许喜欢一开始就思考你自己的品格是如何形成的。这一点之所以重要，是因为它表明你已经证实了自己的应变能力。你只需要对于自己如何运用应变能力有足够的信心，便可知道今后你有能力再次这样做。开始回答这一问题时，回想一下自己经受严峻考验的各种时刻。你在生活中是否真正经受过能力的考验？你的力量、慷慨、耐心与谦卑——你注意到的任何美德都是在熊熊火焰燃烧过后剩下的余烬。发现这些美德的一个途径就是想一想各种奖章。我身材矮小，所以每当我参加各种军事活动时，只能站到与许多人齐眼的高度。设想你在担任领导工作的生涯中因为表现勇敢获得过一些奖章。为何颁发这些奖章？你从这些活动中学到了什么？

也许你从遇到的重要人物那里比较缓慢地学习了美德，他们通过现身说法，向你灌输爱、友谊、忠诚、决心与追求优质等。这些反思应该使你拥有生活赋予你的越来越多的美德。不过是否还有一些差距，或者一些没有触及的美德？展望未来时，是否还有一些你担心日益需要，但却觉得并不可靠的美德？你可以向谁学习这些美德？你在生活中可以开展哪些小的活动来检验、磨炼这些美德？

结束语

开展在职模拟实践活动

本书探讨剖析了一系列经过实证检验的各种技能，正在接受培训的领导者们应该学习掌握。每一个关键环节对应着一些你必须亲自开展的训练活动——那都是助你取胜的一手好牌（参见附录）。但是你从事的具体工作也许并不适合直接运用上述方法，你可以对其适当加以修改以适应你的具体工作需要。了解修改的最佳方式就是对工作开展战略性的调查摸底活动。你可以首先列出以下四项内容：

1. 你今后喜欢做的工作；
2. 你的领导榜样；
3. 你害怕做的工作，因为对其一无所知；
4. 在你的工作单位或部门中你应该进一步了解的工作。

附录 4 中有一个对应的模板。是否存在重复之处？在其中的任何领域，你有可能同谁度过一天的时间？你是否有一些很不一般的朋友，他们可以代替你开展调查摸底活动吗？接下来你就会看到差距在哪里，或者你的下一个学习门槛在哪里。我建议，你的训练计划中应该包括所有那些今后在晚上让你无法入睡的关键环节，现在就安排好训练日程。掌握好时间，结合具体工作需要，这样你就可以从容训练，有条不紊。也许你遇到的情况是此前我们接触过的有些关键环节的翻版；有些则是全新的情况。无论怎样，以下相同的原则还是适用的：形成训练模板会使你下一次做得更好。以下内容是协助你有效完成训练过程的一些最后看法。

压力

本书中提出的方法就是为今后搜集有用的训练模板。我想如果你知道英国烘焙大赛的样板展品是一种经典法式甜点，英国 Strictly 电视舞蹈大赛的参赛舞蹈有探戈舞，那么你也会做出类似的尝试。你会下功夫全面了解各种典范之作，努力发展自己的风格。然后你只需要控制好你的神经，根据自己届时遇到的情况及时调整应对方法。在这些实例以及传统的学徒活动中，你可以慢慢通过模块的形式积累知识。但是我建议在做领导工作时，你也可以利用压力来增强自己的能力。这不仅仅是因为压力可使你在当时学得更好，而且还能够使你记得更牢，以备后用。但是如果不能适当地关照自己的话，在压力下形成反应模板可是一种有危险的活动。

众所周知，音乐明星在演出后毁坏自己的吉他，将旅馆房间弄得乱七八糟，或者沉溺在很危险的行为中；他们想在演出结束后借此来使自己慢慢安静下来。出于类似的原因，警察在足球比赛结束后总是处于高度戒备状态，因为失望的球迷在回家途中发生暴力事件的情形经常猛增。积累多时的肾上腺素以这种消极方式表现出来。

在遇到压力的情况下，我们的身体通过常说的"战斗或逃跑"反应机制，使我们做好相应的身体反应准备。战斗或逃跑的反应行为，也使产生的压力荷尔蒙发生代谢变化。但是如果我们没有任何渠道释放这种激增的化学物质，它就会通过暴力行为释放出来，或者潜伏在体内，没有发生代谢变化。例如，在遇到紧急情况时，皮质醇就会使血压和血糖双双增加，帮助你迅速做出反应。它会暂时抑制免疫系统，使你全力关注生存问题。但是让皮质醇这样的压力荷尔蒙长期滞留在体内就会对你不利，会使血压血糖居高不下，长期影响你抑制感染与痊愈恢复的能力。随着你的身体开始耗尽体内的化学物质，得不到燃料补给却继续运行，就会出现体能耗尽的结果，例如失眠、焦虑、有压力、心脏病发作、患有糖尿病。虽然皮质醇在短期内可以促进你的记忆力，但是从长期来看它会逐渐影响你的学习能力与记忆搜索能力。

每当你感到心率加快时，必须设法使它慢下来。你的身体会利用副交感神经系统使你恢复到"休息与消化"状态，从而使心率下降。你可以在有效的生物性层面上起到促进作用，方法是立即开展战斗或逃跑模拟练习，使压力荷尔蒙发生代谢变化。如果在可以做同心血管有关的更多正式运动之前必须等待一段时间的话，你甚至爬楼梯也行。在不太明显的层面上，副交感神经系统也会通过养育看护活动或慈善途径，受到善意行为的刺激。指导、音乐、唱歌、跳舞、开怀大笑，以及照看植物、动物或儿童，所有这些行为均有益处，就像摄入鱼油中含有的omega-3脂肪酸，食用核桃与亚麻籽一样。咖啡因与乙醇没有益处，所以尽量减少摄入量，尤其在你需要优化能量水平的时候。

许多优秀运动员、演员、音乐家与艺人，需要从专业角度精通管理这些高峰期与低谷期。如果管理到位，职业生涯就会一直处于最佳状态。不然，明星们犹如火箭升空一样，很快又会落地。刚出道时光灿耀眼，荣耀一时，犹如传奇一样。然而这却是一种冒险的职业战略，对于那些热爱你的人而言非常不公平。因此不要对此抱有任何幻想。在压力下学习效率高，因为你不想浪费任何时间。不要使自己生病，从而浪费掉已经为自己赢得的那些时间。你很重要，这个世界需要你的领导！

透明度

我在本书前面曾斗胆断言，领导的实质并不会着随时间发生很大变化。我对此深信不疑。但是在我们有生之年会发生变化的是领导者们担任领导工作的环境。在我看来，其主要特点是极大的透明度。各种社会变化正在缩小组织中的权力距离，这意味着想在未来职场中发挥作用、承担责任的获得授权的员工进一步增加。社交媒体无处不在，使得揭发检举简便易行。因此如果你的产品、服务、管理或供应链使人失望，绝无遮掩的可能。董事会日益承担着沉重的管理负担，绝不想只是被动地接受一些党派路线而已。领导者们将会受到各方的进一步监督，唯一的应对之策就是全面提高透明度。

应该指出的是，这会使男人觉得更加不妙。因为你知道，从生物学角度来看，男人在遇到压力时总要采取一决雌雄的姿态，要不惜一切代价取得胜利。这一习性曾经帮助我们人类战胜了闯进城里的剑齿虎。信息就是力量。因此"藏好手中牌，别让他人偷窥"也就成为一种本能的反应。相反，女人在冲突中通过催产素做好应对准备，因此会做出更具关联性的反应，使她们倾向沟通、共享。在一个利用信息进行较量有可能使你变得更加脆弱的世界里，上述女性本能将会变得更加有益。因此应该增强你的沟通直觉，因为这样做也许是对的。

宝贵财富

在我们最初的研究中，许多领导者告诉我们，每当他们指导的同事表现出色时他们就感到满心欢喜。你在接受领导力培训过程中的一个重要环节就是成为其他人的见习师傅；这不仅是一种善举，也是为了巩固学习成果。这也许会成为你所担任的正式部门管理工作的一部分职责。如果你手下没有员工，可以在你的部门或网络中培养其他同事。采用模板方法的优势是，你自己的亲身经历会表明你可以在哪些方面鼓励更多的初级同事寻找自己工作中的关键环节。当你生存下来之后，你就会拥有开阔的视野为你的同事最准确地测定风险程度。你是否可以列出一些你现在已经了解，而且希望你自己10年前就了解的一些事情？不如说出来与他们分享。展望未来，我希望更多的组织以这种方式正式确定高级干部的工作职责。由于寿命延长，我们将来都会工作到70多岁。如果我们能够使担任高级领导职位的同事在最后七年里帮助身为初级员工的同事学习掌握领导技能，那将是一笔宝贵的财富。

艺术与奥秘

现任约克大主教讲过一个有关骆驼的可爱故事。从前有位贝都因人养了三个儿子。他在遗嘱中将17头骆驼中的一半分给他的大儿子，将1/3的骆驼分给二儿子，将1/9的骆驼分给小儿子。那位父亲去世后，他的儿子们便要根据他的遗嘱将17头骆驼分成1/2、1/3与1/9这三份遗产。他们去拜访一位非常睿智的老者，他说道："这事容易。我借给你们一头骆驼，总共就有了18头骆驼。这样你们就可以按着父亲的遗嘱分骆驼了。"办法有了！18的1/2是9，18的1/3是6，18的1/9是2，一共正好是17头骆驼。这三个兄弟将骆驼分完后，睿智的老者就牵着自己的骆驼回家了。同样，一位优秀的领导者知道自己就是使复杂问题得到顺利解决的促进因素。你的职责永远是那第18头骆驼。

奥兹巫师

在童话故事《绿野仙踪》里，奥兹巫师没有任何权力，但是稻草人、铁皮人与狮子却认为正是这位巫师使他们变得聪明、仁爱又勇敢。有谁需要对你说，只有成为全部上述角色才能相信这一点？记住，你没有必要聪明、仁爱又勇敢；你只要觉得自己是这样就可以了。觉得自己有实力迎接挑战，意味着在现实当中你能够这样做。熟练掌握领导艺术，就会使你很有信心去驾驭一切。

领导者们在回答我们提出的"你希望10年前自己就已经了解什么？"这一问题时，反复说的一句话是："我希望了解到自己有能力这样做！"不错，你有能力。我希望本书能够让你知道如何使你自己和身边的人相信，你已经具备所需的工作能力。明天，不要做最优秀的领导者，甚至也不要做优秀的领导者，只做更优秀的领导者。

培养领导力是终身的事情。因此要做乌龟，不要做兔子。

附录 1

表 12 列出了应对 17 个关键环节的每一套获胜牌。这并不是说不能打出其他牌，再说每张牌所用时间也不相同。但是这些牌可以作为应对每种重要情况的首要方式，你可以将它们用作策划准备措施的起点。

表 12 应对关键环节的获胜牌

关键环节	获胜牌	
赴任就职	A♦	认识你的优点
	7♦	沉着镇定
	5♦	主动性
	J♠	解决冲突
	8♠	沟通
	4♠	得体应酬
	K♣	睡眠质量
	Q♣	精力
	7♣	控制权
	6♣	庄严的举止
	5♣	姿态
	10♥	目光接触
	2♥	品格
做出重要决策	K♦	积极努力
	Q♦	应对不确定性
	5♦	主动性
	K♠	处理数字

续表

关键环节	获胜牌	
做出重要决策	Q♠	创造力
	J♠	解决冲突
	2♠	MECE
	K♣	睡眠质量
	Q♣	精力
	2♥	品格
应对日益增长的变化	K♦	积极努力
	9♦	注意力
	6♦	给予他人希望
	8♠	沟通
	10♣	敢于变化
	K♥	信任
处理模棱两可的情况	Q♦	应对不确定性
	J♦	及时放手
	10♦	即兴发挥
	8♦	掌控情绪
	6♦	给予他人希望
	8♠	沟通
	J♣	打造个人品牌
	8♣	掌控权力
	7♣	控制权
	K♥	信任
冒险	Q♦	应对不确定性
	6♦	给予他人希望
	5♦	主动性
	A♠	艰难谈话
	K♠	处理数字
	Q♠	创造力
	9♣	授权

续表

关键环节	获胜牌	
冒险	3♠	神秘客户研究
	K♥	信任
	2♥	品格
出错时坦然接受	K♦	积极努力
	J♦	及时放手
	8♦	掌控情绪
	7♦	沉着镇定
	6♦	给予他人希望
	A♣	平衡工作与生活
	K♣	睡眠质量
	2♥	品格
参与重要的董事/股东会议	7♦	沉着镇定
	A♠	艰难谈话
	K♠	处理数字
	7♠	演讲
	5♣	姿态
	4♣	着装
	K♥	信任
	Q♥	倾听
	10♥	目光接触
	9♥	讲故事
了解数字语言	9♦	注意力
	K♠	处理数字
	Q♠	创造力
	8♠	沟通
	5♠	扩展人脉
	3♠	神秘客户研究
	J♥	提出问题
	9♥	讲故事

205

续表

关键环节	获胜牌	
连点成线，理清头绪	K♠	处理数字
	8♠	沟通
	5♠	扩展人脉
	3♠	神秘客户研究
	9♣	解读文化
	Q♥	倾听
	9♥	讲故事
	8♥	处理关系
激励影响他人	10♦	即兴发挥
	6♦	给予他人希望
	9♠	授权
	3♣	服装色彩
	A♥	礼节
	Q♥	倾听
	J♥	提出问题
	10♥	目光接触
	9♥	讲故事
	7♥	精心安排的谈话
	6♥	指导
	4♥	反馈
	3♥	表示感谢
灵活改变工作方式	K♦	积极努力
	4♦	习惯
	3♦	人员缺失法
	6♠	会议技巧
	J♣	打造个人品牌
	9♣	解读文化
	Q♥	倾听
	8♥	处理关系

续表

关键环节	获胜牌	
灵活改变工作方式	7♥	精心安排的谈话
	6♥	指导
分配任务/给员工授权	J♦	及时放手
	6♦	给予他人希望
	10♠	保持竞争力
	9♠	授权
	J♥	提出问题
	8♥	处理关系
	7♥	精心安排的谈话
	6♥	指导
	5♥	团队建设
	4♥	反馈
处理绩效不佳的问题	7♦	沉着镇定
	A♠	艰难谈话
	J♠	解决冲突
	K♥	信任
	Q♥	倾听
	10♥	目光接触
	7♥	精心安排的谈话
	6♥	指导
	4♥	反馈
	2♥	品格
倾听员工意见	9♦	注意力
	6♠	会议技巧
	9♣	解读文化
	2♣	社交媒体
	A♥	礼节
	K♥	信任
	Q♥	倾听
	10♥	目光接触

续表

关键环节	获胜牌
倾听员工意见	8♥　处理关系 4♥　反馈
知道何时寻求帮助与建议	A♦　认识你的优点 4♦　习惯 3♦　人员缺失法 2♦　选择学习榜样 10♠　保持竞争力 5♠　扩展人脉 8♣　掌控权力 4♥　反馈
提出与接收反馈意见	9♦　注意力 4♦　习惯 A♠　艰难谈话 A♥　礼节 Q♥　倾听 10♥　目光接触 8♥　处理关系 7♥　精心安排的谈话 6♥　指导 4♥　反馈
平衡工作和生活	J♦　及时放手 8♦　掌控情绪 7♦　沉着镇定 4♦　习惯 2♦　选择学习榜样 A♣　平衡工作与生活 K♣　睡眠质量 Q♣　精力 A♠　艰难谈话 10♠　保持竞争力

附录 2

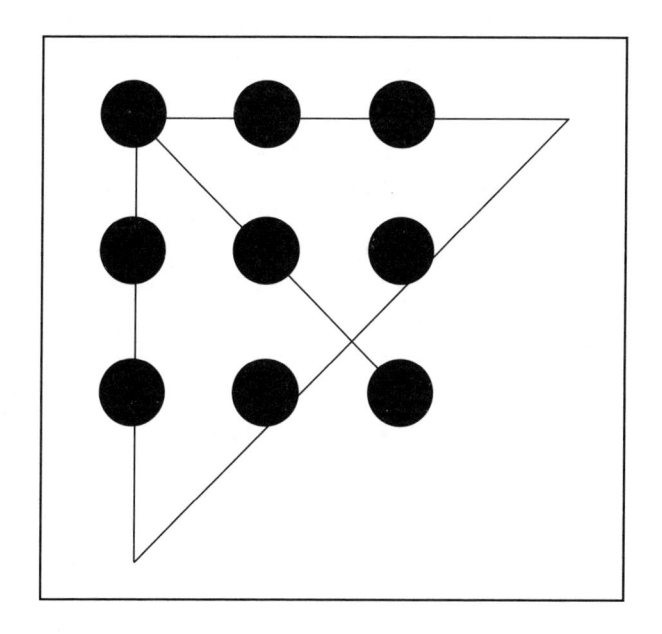

图 7 九点连线谜底

附录 3

针对表中任何一项内容，认为自己不及格选红色（R），认为自己及格选黄色（A），认为自己绰绰有余选绿色（G）。看一看自己的工作日记，下次何时有机会练习这一技能？

表 13　自我评估

方片牌		RAG	下次练习的机会
A♦	认识你的优点		
K♦	积极努力		
Q♦	应对不确定性		
J♦	及时放手		
10♦	即兴发挥		
9♦	注意力		
8♦	掌控情绪		
7♦	沉着镇定		
6♦	给予他人希望		
5♦	主动性		
4♦	习惯		
3♦	人员缺失法		
2♦	选择学习榜样		
梅花牌		RAG	下次练习的机会
A♣	平衡工作与生活		
K♣	睡眠质量		

续表

梅花牌		RAG	下次练习的机会
Q♣	精力		
J♣	打造个人品牌		
10♣	敢于变化		
9♣	解读文化		
8♣	掌控权力		
7♣	控制权		
6♣	庄严的举止		
5♣	姿态		
4♣	着装		
3♣	服装色彩		
2♣	社交媒体		

黑桃牌		RAG	下次练习的机会
A♠	艰难谈话		
K♠	处理数字		
Q♠	创造力		
J♠	解决冲突		
10♠	保持竞争力		
9♠	授权		
8♠	沟通		
7♠	演讲		
6♠	会议技巧		
5♠	扩展人脉		
4♠	得体应酬		
3♠	神秘客户研究		
2♠	MECE		

红桃牌		RAG	下次练习的机会
A♥	礼节		
K♥	信任		

续表

红桃牌		RAG	下次练习的机会
Q♥	倾听		
J♥	提出问题		
10♥	目光接触		
9♥	讲故事		
8♥	处理关系		
7♥	精心安排的谈话		
6♥	指导		
5♥	团队建设		
4♥	反馈		
3♥	表示感谢		
2♥	品格		

附录 4

表 14　在职模拟练习

我今后想做的工作：	我想做又让我害怕的工作：
我的榜样：	我需要进一步了解的工作：
对工作进行调查摸底的机会：	
这些领导者现在是否知道哪些是他们希望自己 10 年前就能够了解到的情况？	
我现在可以计划安排哪些关键环节的实践？	

附录 5

读书小组探讨的问题

你也许希望在自己工作单位的读书小组中使用本书，或者在另一种职业环境里使用本书。以下问题仅供参考。其他方案也许只是从书中挑选一些手牌内容进行讨论，或者使整个读书小组开展某些尝试，并在下一次开会时汇报有关进展。

1. 你希望10年前就能够了解现在你作为领导者需要了解的哪些方面？

2. 你是怎样了解到的？

3. 你认为自己在10年后能够了解到哪些情况？

4. 你会如何做好安排及早地了解到那些情况？

5. 如果接受领导技能磨砺培训主要就是掌握一些技能，交出满意的实习结业作品，那么在回顾一些工作活动后，你能否将其中的任何一次活动变成满意的实习结业作品？

6. 要成为一名满怀信心的领导者，你是否还需要掌握什么技能？你如何现在开展学习？

7. 你会从本书中挑选哪张牌准备下周训练时使用？

致　谢

　　本书是对于我在阿什里奇商学院同一些卓越的同事们共事10年的礼赞纪念。我要特别感谢未来领导者团队的研究成员们，这个团队最初包括菲尔·霍奇森、梅丽莎·卡尔、乔恩·泰克曼、玛格丽特·德拉特尔、芭芭拉·班达、索尼娅·加维拉。还要感谢艾伦·威特比、罗琳·爱丽丝、狄·卡林德、尼基·夏普勒斯、林恩·福克斯－罗宾逊，以及多年来在后勤工作上一直努力工作的那些协调人员。梅根·赖茨和克里斯·尼古拉斯多年来一直共同负责研究计划。核心成员安吉拉·缪尔、凯特·查尔顿、詹姆斯·莫里森、维姬·屈尔潘、林恩·利利、罗尼·伯克，以及一些锲而不舍的合作者同我一起开展过多次模拟练习。我们的一流支持团队人员包括托比·罗、马克·佩格、保罗·戴维斯、布莱安·沃斯福尔德、安迪·普拉姆布利、希安·罗杰斯、安格·乔威特、电影摄制组与媒体专业人员、图书馆员，以及在最后时刻让我们拉来助一臂之力的友人们。感谢萨拉·卡特赖特、尼克·迪尔以及React团队自始至终给予我们忠实的支持。感谢彼得·布拉克与乌姆班达给予每个人绝对必要的支持鼓励。感谢艾迪·布拉斯帮助撰写出最初的研究报告，艾伦·普鲁艾尼开始哈佛大学的研究工作，感谢雷丁大学的帕特里西亚·里德尔教授在神经生物学研究方面同我们开展合作。感谢李·沃克管理研究计划，约翰·尼尔负责心脏监测工作。我们所有的研究人员满怀很高的研究热情，乔治·霍恩确认了训练模板所产生的效果。特别感谢我们的客户敢冒风险，让我们在他们那里开展模拟练习。尤其感谢包括英国外交部、IDEA、特易购集团在内的早期多家客户。

在撰写本书过程中,我得到了各位热心人士与有关单位的许多帮助。他们是斯金纳公司执事默文·巴塞特中校、金匠图书馆的艾莱妮·拜德、金匠中心的海伦·多布森;从事神经生物学研究的专家帕特里西亚·里德尔、李·沃克;牛津大学自然历史博物馆收藏部主任莫妮卡·普莱斯确定了我收藏的石刻洗礼盆风格渊源。伊莫金·拉森和马克·泰勒帮助我提高了思想认识,安·奥布莱恩和托比·罗向我提出了宝贵建议。罗尼·伯克、萨拉·卡特赖特、娜塔莎·考特耐-史密斯、维姬·屈尔潘、保罗·戴维斯在训练方面给予我热情的帮助。菲尔·霍奇森、保罗·戴维斯、乔尼·诺克斯、马克·佩格、爱丽丝·普尔、乔恩·科德里奇、内森·珀西瓦尔阅读了我的书稿并对书稿进行了润色。戈登斯敦学校老校友安德鲁·帕卡德为我解释了日语"甘え"的含义。非常感谢你们。

磨砺培养领导者这一理念是在我挖掘我们的研究成果过程中浮现出来的。因此我要特别感谢负责科洛领导者计划的菲奥娜·卡梅隆女士,她允许我利用书中一些篇幅以这种方法进一步阐述其中的一些实用特色,感谢科洛短期培训班学员以积极参与的态度与刨根问底的提问帮助我思考这一研究领域的各种问题。

我有幸得到丹尼尔·戈尔曼、劳伦·培根、约翰·惠特默爵士与盖洛普12研究团队的允许,在本书中引用了一些相关资料。深切感谢阿什里奇商学院的所有同事们与各家客户多年来使我受益匪浅。你们的名字将牢牢地铭刻在我的心中。

伊芙·普尔